Kai E. Wünsche

Wettbewerbsrecht -UWG-

8. Auflage 2021

ISBN 978-3-86724-156-4

8. Auflage 2021

© 2021 niederle media

Bezug möglich direkt vom Verlag
niederle media
48341 Altenberge
Fax (02505) 93 98 99
E-Mail: info@niederle-media.de
www.niederle-media.de

▶ Inhalt

▶ Wettbewerbsrecht

▶ Aus Rezensionen der Vorauflagen

Man kann Wünsche bescheinigen, dass er trotz der beschränkten Seitenzahl bei der Darstellung der Grundzüge des UWG auf alle wesentlichen Aspekte eingeht. Erwähnt werden z.B. die Problematik der E-Mail-Werbung (S. 82 f.) sowie der Telefonwerbung (S. 83 und 98). Viele Beispiele machen die Darstellung anschaulich. ... Als erste Einführung kann das Skript uneingeschränkt empfohlen werden.

Prof. Dr. Joachim Gruber, DUD 2013, S. 822

Einen generellen rechtlichen Rahmen für den Vertrieb von Produkten i. w. S. steckt nicht zuletzt die im Wettbewerb gebotene Fairness (Lauter-, Redlichkeit) ab, für deren Beachtung weniger staatliche Behörden, vielmehr vor allem Konkurrenten sowie andere Marktteilnehmer (und von diesen angerufene Zivilgerichte) sorgen (müssen). „Grundlagenwissen" zu diesem Thema ist daher höchst bedeutsam, insbesondere wenn alles, aber nur das Wesentliche in nicht nur für Experten verständlicher Form erläutert wird und – worauf Wünsche Wert legt (S. 7) – die relevanten Argumentationsstrukturen verdeutlicht werden, damit auch mit neuen, unbekannten Konstellationen angemessen umgegangen werden kann.

Auf fast genau 100 Seiten skizziert der Autor zunächst „Grundlagen", nämlich den Begriff des Wettbewerbs, den nationalen und europäischen Rechtsrahmen sowie die Abgrenzung zwischen UWG und Kartellrecht, Recht des geistigen Eigentums und Bürgerlichem Recht. Der Schwerpunkt der Darstellung liegt sodann im „materiellen Lauterkeitsrecht", beginnend mit Systematik und wichtigen Definitionen über verschiedene Verbraucherleitbilder zu zentralen Regelungen des UWG. Hier folgen dem „Beispielkatalog" der §§ 3 a bis 4 a abrundende Ausführungen zur „Anwendung der Generalklausel" in § 3 Abs. 1 und 2 UWG; weitere Abschnitte widmen sich dem Irreführungsverbot (§§ 5, 5 a), der vergleichenden (§ 6) und schließlich der belästigenden Werbung (§ 7).

Vor knappen, aber aktuellen Literaturhinweisen am Ende findet sich auch ein Kapitel zum „Wettbewerbsverfahrensrecht", wo vor allem der Unterlassungs- und Beseitigungsanspruch genauer beleuchtet wird, aber auch Schadensersatz- und Gewinnabschöpfungsanspruch einbezogen sind. Schließlich werden als „hoheitliche Verfolgung von UWG-Verstößen" die Straf- und Bußgeldtatbestände des UWG (§§ 16 ff.) betrachtet. Das ausführliche, differenzierende Inhaltsverzeichnis ersetzt zumindest partiell das fehlende Sachregister.

Die immer wieder mit Beispielen (teils aus der Judikatur) durchsetzte Darstellung richtet sich an der UWG-Novelle 2016 aus, macht aber häufig deutlich, dass sich dadurch (anders als bei der Reform von 2004) keine wesentlichen inhaltlichen Neuerungen ergeben haben. Die Ausführungen geben in der Regel herrschende Meinungen (in Literatur oder Rechtsprechung) wieder, äußern zuweilen auch plausible Kritik.

Prof. Dr. Ludwig Gramlich, ZVertriebsR 2019, 408

Vorwort

Das vorliegende Skript verfolgt mehrere Zwecke: Auf der einen Seite soll es den Zugang zum Grundlagenwissen im Wettbewerbsrecht ermöglichen, auf der anderen Seite zum schnellen Wiederholen bzw. Auffrischen bereits gelernten Stoffs dienen.

Dabei wird nicht nur Wert darauf gelegt, zu welchen Ergebnissen die Rechtsprechung in den einzelnen Fällen gekommen ist, sondern insbesondere auch auf die Argumentationsstrukturen. Mit diesen wird es dem Leser erleichtert, Einblicke in die lauterkeitsrechtliche „Denke" zu bekommen und so in der Lage zu sein, zu allen (auch unbekannten) Konstellationen zumindest eine vertretbare Lösung zu entwickeln.

In schriftlichen wie auch und v.a. in mündlichen Prüfungen kommt es für das Erzielen guter Ergebnisse nicht unbedingt auf die Wiedergabe der BGH-Lösung an; eine begründete Argumentation und Abwägung bringt den Prüfling i.d.R. weiter als die bloße schlagwortartige Wiedergabe der Rechtsprechungsansicht. Da in Prüfungen die Verwendung des Gesetzestextes zulässig und geboten ist, sollte dieser bereits bei der Lektüre dieses Skripts herangezogen werden. Das gilt v.a. deshalb, weil es den Rahmen des Skripts sprengen würde, alle wichtigen Vorschriften vollständig wiederzugeben.

Gegenstand des Skripts ist das Lauterkeitsrecht. Auf das auch zum Wettbewerbsrecht i.w.S. zählende Recht gegen Wettbewerbsbeschränkungen (sog. Kartellrecht) wird nicht näher eingegangen.

Grundlegende Gerichtsentscheidungen werden mit Datum und Aktenzeichen angegeben. Sie können damit im Volltext unter bundesgerichtshof.de bzw. bundesverfassungsgericht.de nachgelesen werden.

Für Leser mit schnellem Zugang zu den Spezialzeitschriften GRUR (Gewerblicher Rechtsschutz und Urheberrecht) und WRP (Wettbewerb in Recht und Praxis) sind zudem die Fundstellen in diesen Zeitschriften angegeben.

Prof. Dr. Kai E. Wünsche

A. Grundlagen

Bevor auf die Grenzen eingegangen werden kann, die das Wettbewerbsrecht für geschäftliche Handlungen aufstellt, werden zunächst wichtige Grundlagen geklärt. Dazu gehört die Definition zentraler Begriffe ebenso wie das Bestimmen des maßgeblichen Rechtsrahmens.

I. Begriff Wettbewerb

Gegenstand des Wettbewerbsrechts ist der wirtschaftliche Wettbewerb, der einer exakten Definition allerdings nicht zugänglich ist. Der Begriff „Wettbewerb" löste im 19. Jahrhundert den Begriff „Konkurrenz" ab, der seinen Ursprung im Lateinischen hat: Er stammt von *concurrere* (zusammenlaufen, sich auf einen Wettkampf einlassen). Nach dem allgemeinen Sprachgebrauch handelt es sich bei Wettbewerb um ein Phänomen, das auftritt, wenn bei einem Verhalten mehrerer Personen der eine nach dem Erreichen eines bestimmten Ziel strebt, welches auch der jeweils andere anstrebt (rivalry for the same thing). Wenn das konkrete Ziel nur einer der Teilnehmer erreichen kann, entsteht zwangsläufig Wettbewerb.

Einer weiteren Eingrenzung des Begriffs dient, sich zu vergegenwärtigen, wodurch Wettbewerb beeinträchtigt werden kann. Insoweit kommen zunächst staatliche Maßnahmen wie Subventionen und Zölle ebenso wie die Regulierung im Allgemeinen in Betracht.

Rechtfertigung erfahren solche Maßnahmen durch öffentliche Interessen und den Sozialschutz. Aufgabe der Wirtschaftspolitik ist es, eine entsprechende Abwägung kollidierender Interessen vorzunehmen. Aber auch Handlungen von Wirtschaftssubjekten können den Wettbewerb beeinträchtigen: So wird der Wettbewerb eingeschränkt, wenn das Verhalten im Wettbewerb zwischen den beteiligten Akteuren – sei es im Horizontal-, sei es im Vertikalverhältnis – abgesprochen wird, etwa hinsichtlich des Preises, des Liefergebietes und der Liefermengen. Derartige Absprachen sind verboten.

Ist die Kontrolle des Verhaltens dadurch eingeschränkt, dass ein Unternehmen den Markt beherrscht, besteht die Gefahr, dass es diese Marktmacht missbraucht. Das Verbot des Missbrauchs einer marktbeherrschenden Stellung soll dann eine weitere Schädigung des Marktes verhindern. Vor diesem Hintergrund wird deutlich, warum auch der Zusammenschluss von Unternehmen der hoheitlichen Kontrolle unterliegt. So ist die Herbeiführung einer marktbeherrschenden Stellung durch den Zusammenschluss mehrerer Unternehmen verboten.

Schließlich wird der Wettbewerb bedroht, wenn die handelnden Unternehmen nicht wenigstens ein Mindestmaß an Anständigkeit zum Wettbewerber und Verbraucher einhalten. Hier geht es also um die Verhinderung eines unlauteren (früher: sittenwidrigen) Wettbewerbs.

II. Rechtsrahmen

Der Wettbewerb wird geregelt durch zahlreiche Vorschriften aus verschiedenen Gebieten. Die wichtigsten Regelungen betreffend die Lauterkeit im Wettbewerb enthält das UWG. Auch die PreisangabenVO, das Heilmittelwerbegesetz, etc. enthalten konkrete Vorgaben insbesondere zur Vermeidung von Irreführungen. Der Verstoß gegen außerhalb des Wettbewerbsrechts liegende Vorschriften kann über § 3a UWG (§ 4 Nr. 11 UWG a.F.) als Wettbewerbsverstoß verfolgt werden, wenn die verletzte Vorschrift einen Marktbezug hat.

1. Wettbewerb und Grundgesetz

Das Grundgesetz garantiert weder eine wirtschaftspolitische Neutralität der Legislative bzw. Exekutive noch eine nur mit marktkonformen Mitteln zu steuernde „soziale Marktwirtschaft". Der Verfassungsgeber hat sich nämlich nicht ausdrücklich für ein bestimmtes Wirtschaftssystem entschieden. Die Wahrung der Grundrechte ist aber in einem System der „sozialen Marktwirtschaft" am besten möglich. So gilt – auch und gerade im Wettbewerb – Art. 2 Abs. 2 GG für juristische ebenso wie für natürliche Personen. Die Vereinigungsfreiheit des Art. 9 Abs. 1 GG mit großer Bedeutung für ein funktionsfähiges Gesellschaftsrecht und der ein funktionierendes System aus Gewerkschaften und Arbeitgeberverbänden ermöglichende Art. 9 Abs. 3 GG verdeutlichen den wirtschaftspolitischen Geist des Grundgesetzes. Nicht zuletzt die Berufsfreiheit nach Art. 12 GG und die Eigentumsgarantie bzw. -freiheit nach Art. 14 GG lassen sich in einem auf Wettbewerb angelegten System der Marktwirtschaft am besten verwirklichen.

Dass die Marktkräfte Begrenzungen erfahren können, wird auch über das Sozialstaatsprinzip in Art. 20 Abs. 1 GG sichergestellt.

2. UWG

Das Lauterkeitsrecht in kodifizierter Form hat sich erst im 19. Jahrhundert herausgebildet. Bis dahin war der Wettbewerb durch Zunftordnungen und staatlich verliehene Monopole reglementiert. Mit dem Untergang der feudalen Agrarverfassung, des fürstlichen Privilegienwesens und der mittelalterlichen Zunftverfassung, der seinen Abschluss mit der Einführung der Gewerbefreiheit 1869 fand, blühte das Wirtschaftsleben auf.

Damit einher gingen aber auch Missbräuche der neuen Gewerbefreiheit, was der Rechtsprechung lange Zeit nicht bewusst war. Verheißungsvolle Ansätze zur Bekämpfung der „concurrence déloyale" fanden sich zwar bei den Instanzgerichten des französischen Rechtsgebiets im Deutschen Reich, das Reichsgericht bereitete dem jedoch ein jähes Ende. In der Apollinaris-Entscheidung vom 30.11.1880 (RGZ 3, 67) zog es einen zweifelhaften Umkehrschluss: Weil der Gesetzgeber ein Markenschutzgesetz 1874 geschaffen habe (ein Gesetz, das nur ein Sondergebiet regelte), sei alles erlaubt, was dort nicht verboten sei.

Der Gesetzgeber sah Anlass zum Eingreifen mit dem Gesetz zum Schutz der Warenbezeichnung (1894). Das Gesetz verbot, eine fremde Warengestaltung, die sich im Verkehr durchgesetzt hatte, nachzuahmen und unrichtige Herkunftsangaben zu machen. Da dieser Schutz nicht ausreichte, folgte das Gesetz gegen den unlauteren Wettbewerb von 1896 und schließlich von 1909, das bis 2004 mit seiner berühmten Generalklausel in § 1 die gesetzliche Grundlage des Lauterkeitsrechts bildete:

§ 1 UWG (1909-2004): „Wer im geschäftlichen Verkehr zu Zwecken des Wettbewerbs Handlungen vornimmt, die gegen die guten Sitten verstoßen, kann auf Unterlassung und Schadensersatz in Anspruch genommen werden".

Eine gewisse Liberalisierung des Wettbewerbsrechts erfolgte unter dem Einfluss europäischer Richtlinien. Im Jahre 2000 wurde in Umsetzung der Richtlinie RL 97/55/EG die Möglichkeit der vergleichenden Werbung erweitert, die zuvor nur ausnahmsweise zulässig war.

Eine weitere wichtige Veränderung erfolgte mit der Aufhebung des Rabattgesetzes und der Zugabeverordnung im Jahre 2001. Eine grundlegende Veränderung des UWG erfolgte dann 2004 mit dem Ziel einer umfassenden Modernisierung und Liberalisierung des Wettbewerbsrechts: Wesentliche inhaltliche Änderung war die ersatzlose Aufhebung der Reglementierung von Sonderverkäufen wie Sommerschluss- und Jubiläumsverkäufen. Den Verbänden wurde ein Gewinnabschöpfungsanspruch (§ 10 UWG) zugestanden.

Ähnlich tiefgreifend war die Reform in gesetzestechnischer Hinsicht: Die Generalklausel des bisherigen UWG (§ 1) blieb als § 3 („Verbot unlauteren Wettbewerbs") erhalten und wurde durch einen nicht abschließenden Beispielkatalog ergänzt. Dieser orientierte sich an den in der Rechtsprechung etablierten Fallgruppen und griff auch aktuelle Probleme auf.

Mit der Richtlinie über unlautere Geschäftspraktiken, die eine Vollharmonisierung im Verhältnis Unternehmer-Verbraucher vorsah, ergab sich erneuter Reformbedarf, der 2008 zu einer erneuten Änderung führte. Neben einigen gesetzessystematischen Änderungen wurde im Anhang des Gesetzes eine Liste angefügt, welche 30 geschäftliche Handlungen enthält, die in Anknüpfung an § 3 Abs. 3 UWG gegenüber Verbrauchern stets unzulässig sind.

U.a. Verschärfungen im Bereich unerlaubter Telefonwerbung waren Gegenstand des Gesetzes gegen unseriöse Geschäftspraktiken, das im Sommer 2013 verabschiedet wurde.

Seit dem 10.12.2015 ist die Neuregelung des UWG in Kraft („UWG 2016"), welche zu einer Angleichung an die Vorgaben der Richtlinie über unlautere Geschäftspraktiken (RL 2005/29/EG) führt. Da lediglich „Klarstellungen gesetzessystematischer Art" vorgenommen werden, soll dies ohne Auswirkung auf die Rechtsanwendung geschehen. Das Gesetz von 2004 (und 2008) war von einem einheitlichen Lauterkeitsrecht geprägt, das gleichermaßen dem Schutz der Verbraucher wie auch der Mitbewerber und sonstigen Marktteilnehmern diente. Dieser Abweichung von der o.g. Richtlinie hinsichtlich der Gesetzessystematik wird nun mit einer klaren Unterscheidung zwischen Regelungen für geschäftliche Handlungen gegenüber Verbrauchern einerseits und Unternehmen andererseits begegnet.

Der Schutz vor aggressiven geschäftlichen Handlungen erhielt mit § 4a UWG eine eigene Vorschrift.

Im Winter 2020/21 erfolgten durch das Gesetz zur Stärkung des fairen Wettbewerbs einige Änderungen im Wettbewerbsverfahrensrecht (Datum des Inkrafttretens war zu Redaktionsschluss noch unbekannt).

3. Richtlinien

Auch wenn es bisher an einer umfassenden Regelung des europäischen Wettbewerbsrechts fehlt, ist der Einfluss des Gemeinschaftsrechts auf die nationalen Rechtsordnungen erheblich. Aus dem Bereich des Primärrechts sind dabei insbesondere Art. 18 AEUV (Diskriminierungsverbot), Art. 34 ff. AEUV (freier Warenverkehr), Art. 56 ff. AEUV (freier Dienstleistungsverkehr) sowie Art. 120 AEUV (Koordinierung der Wirtschaftspolitik) von Bedeutung.

Die Entwicklung des Wettbewerbsrechts war, wie bereits ausgeführt, geprägt von der Umsetzung einiger Richtlinien. Da das nationale Recht dem Unionsrecht untergeordnet ist, gilt für das nationale Recht eine Auslegung im Lichte des Wortlauts und der Ziele des Unionsrechts. Es ist zu unterscheiden, ob eine Richtlinie eine Vollharmonisierung anstrebt oder strengere Regelungen in den Mitgliedstaaten ermöglicht.
Im Falle der Vollharmonisierung dürfen keine strengeren als die in der Richtlinie vorgegebenen Regeln aufgestellt werden, und zwar auch nicht zur Erreichung eines höheren Verbraucherschutzniveaus.

Beispiel: Problematisch war deshalb § 4 Nr. 6 UWG a.F., wonach unlauter handelt, wer die Teilnahme von Verbrauchern an einem Gewinnspiel vom Erwerb einer Ware abhängig macht. Die Bestimmung enthielt – anders als vergleichbare Beispieltatbestände des § 4 UWG a.F. – keine Wertungsmöglichkeit.

Unzulässig war ein solches Verhalten dann, wenn die Wettbewerbshandlung geeignet ist, den Wettbewerb zum Nachteil der Mitbewerber, der Verbraucher oder der sonstigen Marktteilnehmer spürbar zu beeinträchtigen (§ 3 Abs. 1 UWG a.F.). Angesichts der Anlockwirkung, die von intensiv beworbenen Gewinnspielen ausgeht, fehlte es hieran nur selten. Damit untersagte die Vorschrift des § 4 Nr. 6 UWG a.F. im

Zusammenwirken mit § 3 Abs. 1 UWG a.F. gekoppelte Preisausschreiben und Gewinnspiele generell und unabhängig von einer Gefährdung der Verbraucherinteressen im Einzelfall, also ohne dass es darauf ankam, ob davon eine unsachliche Beeinflussung der Verbraucher ausgeht, die Teilnahmebedingungen nicht klar und deutlich angegeben sind oder die Verbraucher über ihre Gewinnchancen irregeführt werden.

Die Richtlinie über unlautere Geschäftspraktiken bezeichnet aber in der Generalklausel des Art. 5 Abs. 2 eine Geschäftspraxis dann als unlauter, wenn sie den Erfordernissen der beruflichen Sorgfaltspflicht widerspricht und in Bezug auf das jeweilige Produkt das wirtschaftliche Verhalten des Durchschnittsverbrauchers wesentlich beeinflusst oder dazu geeignet ist, es wesentlich zu beeinflussen.
Daher ergab sich bei wortlautgetreuem Verständnis des § 4 Nr. 6 UWG a.F. ein Widerspruch zur insoweit weniger strengen Regelung des Art. 5 Abs. 2 der Richtlinie.

Dieser Widerspruch wurde aufgelöst durch eine richtlinienkonforme Auslegung des § 4 Nr. 6 UWG a.F. dahingehend, dass eine solche Kopplung nur dann unlauter ist, wenn sie im Einzelfall eine unlautere Geschäftspraxis im Sinne der Richtlinie darstellt, also über die bloße Kopplung hinaus den Erfordernissen der beruflichen Sorgfalt widerspricht (BGH, 5.10.2010, I ZR 4/06, GRUR 2011, 532 – Millionen-Chance II).

Mit der Neuregelung des UWG 2016 ist dieser Konflikt nunmehr behoben: durch Aufhebung des § 4 Nr. 6 UWG a.F. – mit in der Praxis spürbarer Zunahme der Kopplung von Gewinnspielen und Warenerwerb (v.a. im Lebensmitteleinzelhandel).

4. Anwendbares Recht – International

Welches nationale Recht im Einzelfall anzuwenden ist, wird durch die Rom-II-VO (Verordnung Nr. 864/2007 vom 11.7.2007) geregelt, die dafür sorgt, dass in allen Mitgliedstaaten dieselben Verweisungen zur Bestimmung des anzuwendenden Rechts gelten, ohne dass es darauf ankommt, in welchem Staat ein Anspruch geltend gemacht wird.

Gem. Art. 6 Abs. 1 Rom-II-VO ist auf außervertragliche Schuldverhältnisse aus unlauterem Wettbewerbsverhalten das Recht des Staates anzuwenden, in dessen Gebiet die Wettbewerbsbeziehungen oder die kollektiven Interessen der Verbraucher beeinträchtigt worden sind oder wahrscheinlich beeinträchtigt werden. Damit kommt es auf den Einwirkungsort der Werbung an (der häufig gebrauchte Begriff des Marktortes passt nicht mehr ganz, da auch Handlungen *nach* Vertragsschluss vom UWG erfasst werden).

Beeinträchtigt ein unlauteres Wettbewerbsverhalten ausschließlich die Interessen eines bestimmten Wettbewerbers, greift in Folge der Verweisung in Art. 6 Abs. II Rom-II-VO die allgemeine Kollisionsregelung des Art. 4 Rom-II-VO. Hiernach ist das Recht des Staates anzuwenden, in dem der Schaden eintritt; haben jedoch die Parteien ihren gewöhnlichen Aufenthalt in demselben Staat, gilt für den Verstoß das Recht dieses Staates.

III. Abgrenzung des UWG

Das UWG hat zahlreiche Berührungspunkte zu anderen Gesetzen, so dass eine Abgrenzung erforderlich ist.

1. Zum Kartellrecht

Das Gesetz gegen Wettbewerbsbeschränkungen (GWB) dient dem Schutz der Freiheit des Wettbewerbs. Dabei soll das GWB die Existenz von Wettbewerb überhaupt sicherstellen („ob"), während das UWG die Lauterkeit des Wettbewerbs („wie") schützt.

Beispiel: Deutlich wird der Unterschied beim Vergleich mit einem Sportwettbewerb. Das GWB würde dort sicherstellen, dass tatsächlich ein Wettbewerb stattfindet, d.h. keine Absprachen über den Ausgang des Spiels getroffen wurden. Das UWG hätte dort die Funktion, die Regeln, unter denen der Wettbewerb ausgetragen wird, festzulegen; das wäre beispielsweise das Verbot von unfairen Handlungen wie Fouls.

Die Schutzwürdigkeit des Wettbewerbs als solchem ist vergleichsweise spät erkannt worden.

Beispiel: So blieb 1890 ein Rabattkartell des Börsenvereins der deutschen Buchhändler vom Reichsgericht ebenso unbeanstandet wie 1897 ein Verkaufssyndikat des Sächsischen Holzstoff-Fabrikanten-Verbandes mit dem ausdrücklichen Ziel, zukünftig einen „verderblichen Wettbewerb der Fabrikanten untereinander zu verhindern". Die KartellVO von 1923 änderte nichts an der grundsätzlichen Zulässigkeit von Kartellen, stellte sie jedoch unter eine besondere Aufsicht. Erst die Dekartellierungsgesetze der Alliierten führten 1958 zur Schaffung des GWB. Vorbild war der US-amerikanische Sherman-Act, der bereits 1890 einen Schutz vor Monopolen gewährte und horizontale sowie vertikale Wettbewerbsabsprachen verbot.

Beide Gebiete lassen sich jedoch nicht klinisch voneinander trennen, sondern stehen in einem Funktionszusammenhang. So dient das UWG auch dem allgemeinen Interesse an einem unverfälschten Wettbewerb und der Schutz des Wettbewerbs als Institution dient der Wettbewerbsfreiheit des Einzelnen.

Dieser Zusammenhang bedeutet aber nicht, dass jede kartellrechtswidrige Handlung automatisch unlauter wäre und jede unlautere Handlung gegen Kartellrecht verstieße. Vielmehr ergänzen sich beide Normbereiche und sind so auszulegen, dass Wertungswidersprüche vermieden werden. So ist bei der Auslegung der lauterkeitsrechtlichen Vorschriften darauf zu achten, dass die freiheitssichernde Funktion des Kartellrechts nicht beeinträchtigt wird. So ist es auch nicht Funktion des Lauterkeitsrechts, vorhandene Wettbewerbsstrukturen zu sichern und neuartige Entwicklungen nur deshalb zu untersagen, weil sie bestehende Wettbewerbskonzeptionen in Frage stellen.

Beispiel: Der Herausgeber des „Kölner Express" wehrt sich gegen die kostenlose Verteilung einer vollständig durch Anzeigen finanzierten Zeitung mit der Begründung, die kostenlose Verteilung berge für die entgeltlich angebotenen Tageszeitungen die Gefahr von Anzeigen- und Verkaufsrückgängen und führe so zu einer Existenzbedrohung für verkaufte Tageszeitungen. Der BGH wies die entsprechende Klage jedoch ab. Es sei nicht Aufgabe des Wettbewerbsrechts, den Bestand bestehender wettbewerblicher Strukturen zu bewahren und wirtschaftlichen Entwicklungen entgegenzusteuern, in denen die bisherigen Marktteilnehmer eine Bedrohung ihres Kundenstammes erblicken. Denn es sei gerade Sinn der Wettbewerbsrechtsordnung, dem freien Spiel der Kräfte des Marktes im Rahmen der gesetzten Rechtsordnung Raum zu gewähren (BGH, 20.11.2003, I ZR 151/01, GRUR 2004, 602).

Praktisch relevant wird das Verhältnis auch bei individuellen Behinderungen von Mitbewerbern, die sowohl anhand des UWG als auch des GWB geprüft werden können. Anhand des UWG kann das Verhalten nur dann untersucht werden, wenn eine geschäftliche Handlung (§ 2 Abs. 1 Nr. 1 UWG) vorliegt. In allen anderen Fällen kann das durch so ein wettbewerbsbeschränkendes Verhalten betroffene Unternehmen nur nach § 33 GWB und §§ 1004, 823 Abs. 2 BGB Unterlassung und Schadensersatz verlangen. Die anzulegenden Maßstäbe sind nahezu identisch, so dass sich i.d.R. die gleiche Bewertung ergibt. Eine unterschiedliche Behandlung kann nur durch Vorliegen besonderer Umstände gerechtfertigt werden. Zudem ist zu beachten, dass das Behinderungsverbot im GWB an eine bestimmte Marktmacht anknüpft und diese Grenze der Verhaltenskontrolle nicht durch eine extensive Auslegung der lauterkeitsrechtlichen Vorschriften verschoben wird.

2. Zum Kennzeichenrecht

Die Verwendung einer fremden Marke kann zu einer Irreführung über die Herkunft der so gekennzeichneten Ware führen; die Anwendung des Irreführungsverbots des UWG läge nahe. Allerdings sind Kennzeichenrechte im Markengesetz als Immaterialgüterrechte ausgestaltet; damit verdrängt der individualrechtliche Schutz des Kennzeicheninhabers den Schutz der Allgemeinheit vor Irreführung. Das Gleiche gilt im Falle der Irreführung hinsichtlich einer geografischen Herkunftsangabe, die in den §§ 126-129 MarkenG als vorrangige Normen geregelt ist. Systemfremd ist insoweit § 5 Abs. 2 UWG, nach dem eine geschäftliche Handlung auch dann irreführend sein kann, wenn sie eine Verwechslungsgefahr mit dem Kennzeichen eines Mitbewerbers hervorruft. Im Einzelnen sind derzeit aber viele Fragen zum Verhältnis von Markenrecht und Lauterkeitsrecht offen.

3. Zum sonstigen gewerblichen Rechtsschutz, Urheberrecht

Auch die anderen Schutzrechte wie Patent, Gebrauchsmuster, Urheberrecht, Design (bis 2013: Geschmacksmuster) usw. sind immaterialgüterrechtlich ausgestaltet und damit grundsätzlich der Bewertung über das UWG entzogen. Denn die entsprechenden Vorschriften enthalten detaillierte Regelungen, unter welchen Voraussetzungen ein Schutzrecht entsteht und wann eine Rechtsverletzung vorliegt. Nur wenn das Schutzrecht ausgelaufen ist, kommt eine Anwendung des UWG in Betracht, welches eine unlautere Nachahmung verbietet (§ 4 Nr. 3 UWG). Gemessen daran, dass die Schutzrechte von vornherein nur eine begrenzte Laufzeit haben, ist die Berechtigung der Fallgruppe der Nachahmung allerdings sehr problematisch (näher dazu bei § 4 Nr. 3 UWG).

Beispiel: Die Schutzdauer eines eingetragenen Designs ist abgelaufen. Ein Mitbewerber verwendet nun die identische Gestaltung. Soweit hier § 4 Nr. 3 UWG eingreift, droht ein Widerspruch zur zeitlichen Befristung des Schutzrechts.

Mit diesem immaterialgüterrechtlichen Verständnis hängt eng zusammen, dass nur der von einer Rechtsverletzung unmittelbar betroffene Mitbewerber Unterlassung verlangen kann, nicht aber die sonstigen Mitbewerber, die sich durch die Verstöße benachteiligt sehen (auch nicht über § 3a UWG, siehe unten).

Beispiel: Die Herausgeber der Zeitschrift „Grüne" haben deshalb so großen Erfolg, weil sie sich immer wieder über die Urheberrechte bestimmter Fotografen hinwegsetzen und deren Bilder veröffentlichen. Damit verschaffen sich die Herausgeber zwar einen Vorsprung vor den Mitbewerbern, die sich für die Fotos um Lizenzen bemühen, können aber dennoch nicht von ihnen auf Unterlassung in Anspruch genommen werden. Lediglich die Urheber der Fotografien können gegen die Veröffentlichung ihrer Bilder vorgehen.

4. Zum Bürgerlichen Recht

Die Beziehung des BGB zum UWG ist aus zwei Perspektiven interessant: Zum einen enthält das BGB selbst Vorschriften, die lauterkeitsrechtliche Zwecke verfolgen. Zum anderen stellt sich bei einem Wettbewerbsverstoß oft die Frage, welche Folgen für die Wirksamkeit eines Vertrages eintreten, der unter dem Eindruck einer unzulässigen geschäftlichen Handlung abgeschlossen wurde. Während die Rechtsprechung das Zusenden unbestellter Waren bereits als Wettbewerbsverstoß eingeordnet hat, ging der Gesetzgeber mit § 241a BGB noch einen Schritt weiter: Die Vorschrift stellt klar, dass durch die Lieferung unbestellter Sachen kein Anspruch gegen den Verbraucher entsteht – nicht einmal ein Anspruch auf Rückgabe der gelieferten Sache. Der Gesetzgeber rechtfertigte dies mit einer „angemessenen" Sanktionierung des Wettbewerbsverstoßes.

Für die Wirksamkeit und die Möglichkeit des Lösens vom Vertrag enthält das UWG keine speziellen Regelungen, so dass auf das BGB zurückzugreifen ist. §§ 3 und 7 UWG können zwar Verbotsgesetze i.S.d. § 134 BGB sein, Verstöße führen aber nicht automatisch zur Nichtigkeit. Lediglich Verträge, die zu einem wettbewerbswidrigen Handeln verpflichten, sind nach § 134 BGB wegen Verstoßes gegen ein gesetzliches Verbot nichtig.

Für das Lösen vom Vertrag gelten die allgemeinen Regeln des BGB, also hinsichtlich Anfechtung, Widerruf und Sachmängelgewährleistung. Eine Besonderheit besteht allerdings insoweit, als sich der Verkäufer auch Äußerungen des Herstellers zurechnen lassen muss, die für die berechtigten Erwartungen des Käufers an die Beschaffenheit der Sache relevant sind.

Beispiel: Wirbt ein Hersteller irreführend damit, dass eine Waschmaschine besonders leise ist, kann der Käufer unter den Voraussetzungen des § 434 Abs. 1 S. 3 BGB Gewährleistungsrechte gegen den Händler geltend machen, wenn die Waschmaschine nicht die beworbene Beschaffenheit aufweist.

B. Materielles Lauterkeitsrecht

Welche Regeln das UWG für unternehmerisches Handeln aufstellt, ist Gegenstand des materiellen Lauterkeitsrechts.

I. Systematik und Definitionen

Bevor auf die konkreten Grenzen eingegangen werden kann, die das UWG enthält, ist es erforderlich, sich mit der Systematik der Grenzziehung auseinanderzusetzen und wichtige Grundbegriffe zu definieren.

Moderner Gesetzgebungstechnik entsprechend sind Vorschriften zum Zweck des Gesetzes (§ 1 UWG) und zu Definitionen (§ 2 UWG) vorangestellt.

1. Systematik der Unlauterkeitstatbestände

a) Struktur der §§ 3 ff. UWG

In § 3 Abs. 1 UWG vorangestellt ist die Aussage, dass unlautere geschäftliche Handlungen unzulässig sind.

Das war in der Fassung vor 2016 noch anders: Da waren unlautere geschäftliche Handlungen nur unzulässig, wenn sie die Eignung hatten, Marktteilnehmerinteressen spürbar zu beeinträchtigen. Daraus folgte, dass es auch zulässige unlautere Handlungen gab, weshalb das Gesetz eigentlich „Gesetz gegen den unzulässigen Wettbewerb" hätte heißen müssen, wie bisweilen kritisch angemerkt wurde.

Wann eine geschäftliche Handlung unzulässig ist, ergibt sich aus § 3 Abs. 1 UWG i.V.m. den Beispieltatbeständen §§ 3a-6 UWG.

Als spezielle Tatbestände sind hier § 3a UWG (Rechtsbruch), § 4 UWG (Mitbewerberschutz), § 4a UWG (Aggressive g.H.), §§ 5, 5a UWG (Irreführende g.H., auch durch Unterlassen), § 6 UWG (Vergleichende Werbung) vorrangig zu prüfen.

§ 3 Abs. 1 UWG soll nach dem Willen des Gesetzgebers zugleich als Auffangtatbestand für Fälle ohne Verbraucherbezug dienen. Daher können Handlungen, die in den §§ 3a-6 UWG keine Regelung gefunden haben, auch allein anhand von § 3 Abs. 1 UWG geprüft werden. Das ermöglicht neu auftretende Phänomene im Wege richterlicher Rechtsfortbildung zu lösen.

Beispiel: Auch die bereits zum alten UWG entwickelten, aber nicht in den Beispielkatalog aufgenommenen Fallgruppen wie die allgemeine Marktbehinderung sind ebenso anhand § 3 Abs. 1 UWG zu prüfen wie der Wettbewerb der öffentlichen Hand.

Angesichts des generalklauselartigen Charakters mancher wichtiger Beispieltatbestände und der Möglichkeit der Analogie wird ein Rückgriff unmittelbar auf § 3 Abs. 1 UWG nur selten nötig sein – es sei denn, man legt die Tatbestände sehr eng aus und verzichtet auf eine Analogie.

Es ist allerdings unzulässig, bestehende Verhaltensstandards unter Rückgriff auf die Generalklausel zu verschärfen und damit dem Gesetzgeber vorzugreifen. Daher muss das nach der Generalklausel zu verbietende Verhalten vom Unrechtsgehalt her den in den Beispieltatbeständen erfassten Verhaltensweisen entsprechen und den „anständigen Gepflogenheiten in Handel und Gewerbe" widersprechen.

Absatz 2 enthält die sog. Verbrauchergeneralklausel, wonach verbraucherbezogene geschäftliche Handlungen unlauter sind, wenn sie nicht der unternehmerischen Sorgfalt entsprechen und dazu geeignet sind, das wirtschaftliche Verhalten des Verbrauchers wesentlich zu beeinflussen.

Was mit dieser „unternehmerischen Sorgfalt" gemeint ist, bleibt weitgehend unklar, da auch die Definition in § 2 Abs. 1 Nr. 7 UWG, wonach es um einen „Standard an Fachkenntnissen und Sorgfalt... unter

Berücksichtigung der anständigen Marktgepflogenheiten" geht, nicht weiterhilft. Daher kommen als Maßstab auch hier die Beispieltatbestände der §§ 3a-6 UWG zur Anwendung. Dass sich die Bewertung stets an dem Adressaten der geschäftlichen Handlung orientieren muss, stellt § 3 Abs. 4 UWG klar.

Aus dem Charakter einer Generalklausel folgt, dass auf sie nur zurückgegriffen werden muss, wenn nicht speziellere Unlauterkeitstatbestände erfüllt sind, wie in § 3a UWG (Rechtsbruch), § 4a UWG (Aggressive g.H.), §§ 5, 5a UWG (Irreführende g.H., auch durch Unterlassen), § 6 UWG (Vergleichende Werbung).

Auch die Generalklausel des § 3 Abs. 2 UWG ermöglicht richterliche Rechtsfortbildung. Für verbraucherbezogene geschäftliche Handlungen gilt aber, dass durch Rechtsfortbildung keine strengeren oder milderen Maßstäbe als nach *europäischem Recht* eingeführt werden dürfen.

Der speziellste und damit vorrangig zu prüfende Tatbestand ist § 3 Abs. 3 mit seinem Verweis auf die im Anhang befindliche „Schwarze Liste". Diese enthält eine Reihe von Handlungen, die gegenüber Verbrauchern stets unzulässig sind, ohne dass es einer Spürbarkeit bedarf. Ob dennoch Raum für eine Verhältnismäßigkeitsprüfung bleibt, anhand welcher klare Bagatellverstöße von einem Verbot ausgenommen werden können, wird uneinheitlich beantwortet.

Auf einige Verbote der „Schwarzen Liste" wird im Zusammenhang mit den Beispieltatbeständen der §§ 3a-6 UWG eingegangen, zu denen eine thematische Verbindung besteht.

b) Nebeneinander von § 3 und § 7 UWG

Der Gesetzgeber hat mit der Reform 2008 § 7 UWG als eigenständigen Unzulässigkeitstatbestand ausgestaltet, der nicht auf § 3 UWG verweist, sondern neben ihn tritt. Zweck dieser Änderung war es, eine andernfalls zweifach erforderliche Erheblichkeitsprüfung (§ 7 UWG: „in unzumutbarer Weise belästigt"; § 3 Abs. 2 UWG a.F.: Eignung, das wirtschaftliche Verhalten „wesentlich zu beeinflussen") entbehrlich zu machen, wie bei einer Verweisung von § 7 auf § 3 UWG grundsätzlich erforderlich wäre. Als Folge dieser Verselbstständigung findet sich in den

Vorschriften zu den Rechtsfolgen dann auch folgender Verweis: „nach § 3 oder § 7 unzulässige geschäftliche Handlung".

c) Prüfungsaufbau

Es bietet sich an, die Prüfung der Unzulässigkeit einer geschäftlichen Handlung nach dem folgenden Schema durchzuführen.

Hinweis: Wie bei jedem Schema gilt: Es ist nur anzuwenden, soweit es passt. Es stellt also den Ablauf dar, der im Kopf durchgegangen werden muss.

Richtet sich die geschäftliche Handlung offensichtlich nicht an Verbraucher und erreicht sie diese auch nicht, sind beispielsweise § 3 Abs. 2, 3 UWG nicht zu prüfen. Will man dem Prüfer zeigen, dass man die Systematik beherrscht, bietet sich ein kurzer Satz an, mit dem man die Nichtanwendbarkeit begründet: Die geschäftliche Handlung richtet sich weder an Verbraucher noch erreicht sie diese, so dass die Beurteilung des Verhaltens nicht anhand § 3 Abs. 3, 2 UWG (Zeigen Sie auch hier die Prüfungsreihenfolge!) zu erfolgen hat, sondern anhand § 3 Abs. 1 UWG.

Häufig richten sich geschäftliche Handlungen an Verbraucher, betreffen aber auch konkret geschützte Interessen der Mitbewerber. Dann ist wie in der Übersicht zu prüfen. In Prüfungen wird häufig verlangt, dass man alle in Betracht kommenden Tatbestände prüft, auch wenn bereits anhand des ersten die Unlauterkeit bejaht wird.

Prüfungsschema:
Unzulässigkeit einer geschäftlichen Handlung nach § 3 UWG

I. Unzulässigkeit gem. § 3 Abs. 3 UWG
   i.V.m der „Schwarzen Liste"
   1. Vorliegen einer geschäftlichen Handlung gegenüber
      Verbrauchern
   2. Verstoß gegen Verbot der „Schwarzen Liste"

II. Unzulässigkeit gem. § 3 Abs. 1 UWG
   i.V.m. Beispieltatbeständen
   1. Vorliegen einer geschäftlichen Handlung
      (ggf. gegenüber Verbrauchern)
   2. Verwirklichung eines Beispieltatbestands
      der §§ 3a-6 UWG

III. Unzulässigkeit gem. § 3 Abs. 2 UWG
   (Verbrauchergeneralklausel)
   1. Vorliegen einer geschäftlichen Handlung
      gegenüber Verbrauchern
   2. Verstoß gegen die unternehmerische Sorgfalt
   3. Eignung, das wirtschaftliche Verhalten
      wesentlich zu beeinflussen
      a) anhand Durchschnittsverbraucher
      b) ggf. anhand Durchschnittsmitglied einer besonders
         schutzbedürftigen Gruppe

IV. Unzulässigkeit gem. § 3 Abs. 1 UWG
   1. Vorliegen einer geschäftlichen Handlung
   2. Verstoß gegen „anständige Marktgepflogenheiten"

2. Wichtige Definitionen

Moderner Gesetzgebungstechnik entsprechend enthält das UWG in § 2 einige Definitionen wichtiger Tatbestandsmerkmale.

a) Geschäftliche Handlung

Das Vorliegen einer geschäftlichen Handlung ist Voraussetzung für die Anwendbarkeit des UWG.

Nach § 2 Abs. 1 Nr. 1 UWG versteht man unter einer geschäftlichen Handlung jedes Verhalten einer Person zugunsten des eigenen oder eines fremden Unternehmens vor, bei oder nach einem Geschäftsabschluss, das mit der Förderung des Absatzes oder des Bezugs von Waren oder Dienstleistungen oder mit dem Abschluss oder der Durchführung eines Vertrags über Waren oder Dienstleistungen objektiv zusammenhängt.

Vom Begriff „Verhalten" sind sowohl positives Tun als auch Unterlassen erfasst sowie im weiteren Sinne alle Äußerungen und rein tatsächlichen Verhaltensweisen.

Während nach altem Recht spätestens nach Vertragsschluss die „Wettbewerbshandlung" beendet war, fällt nun auch das Verhalten bei und nach Vertragsschluss unter den Begriff der geschäftlichen Handlung.

Beispiel: So ist auch der Versuch eines Unternehmers, eine Forderung unter Verwendung drohender oder beleidigender Formulierungen durch-zusetzen, als geschäftliche Handlung am UWG zu messen. Das Gleiche gilt, wenn der Unternehmer den Kunden daran hindert, Gewährleistungs-ansprüche geltend zu machen.
Dass eine bloß versehentlich erfolgte Schlechterfüllung keine geschäftliche Handlung darstellt, hat der BGH nunmehr klargestellt. Nur dann, wenn der Unternehmer von vornherein nicht gewillt ist, sich an seine Ankündigung zu halten, liegt eine (unlautere) geschäftliche Handlung vor (BGH 10.1.2013, I ZR 190/11).

Das Verhalten muss zudem mit der Förderung des Wettbewerbs objektiv zusammenhängen. Eine diesbezügliche Absicht ist hingegen nicht erforderlich. Es genügt, wenn die Handlung bei objektiver Betrachtung unter Berücksichtigung der Umstände des Einzelfalls darauf gerichtet ist, durch Beeinflussung der geschäft-lichen Entscheidungen der Marktteilnehmer den Absatz oder Bezug zu fördern.

Beispiel: Ein objektiver Zusammenhang ist auch gegeben bei Aufmerk-samkeitswerbung, die in einem Sponsoring oder Spendenaufruf enthalten sein kann. Das Gleiche gilt für Stellenanzeigen, in denen das Unter-nehmen sich selbst darstellt und diese Darstellung nicht völlig hinter der Suche nach Arbeitskräften zurücktritt.

Ein nur mittelbarer Zusammenhang des Verhaltens mit der Förderung des Wettbewerbs kann ausreichen.

Beispiel: Um eine Abwanderung seiner Kunden zu verhindern, verkürzt ein Unternehmer die in der Widerrufsbelehrung genannte Widerrufsfrist. Um Kosten für die Bearbeitung von Gewährleistungsansprüchen zu sparen, nimmt ein Unternehmer in seinen AGB einen vollständigen Ausschluss der Gewährleistung vor.

Keine geschäftlichen Handlungen liegen vor bei der Mitgliederwerbung von nichtkommerziellen Verbänden, bei Werbeparodien oder bei Satire.

Neben der Tätigkeit der öffentlichen Hand, bei der dann geschäftliche Handlungen vorliegen, wenn sie wie ein privates Unternehmen erwerbswirtschaftliche Ziele verfolgt, bestehen Besonderheiten insbesondere für die Presse. Dabei sind die wettbewerblichen Auswirkungen der Veröffentlichungen grundsätzlich nur Reflex und unvermeidbare Folge jeder journalistischen Tätigkeit und zudem über die grundgesetzlich garantierte Meinungs- und Informationsfreiheit geschützt.

Ausnahme: Das gilt allerdings dann nicht, wenn unter dem „Deckmantel" eines redaktionellen Beitrags Werbung betrieben wird (näher hierzu § 5a Abs. 6 UWG).

Verhalten im Rahmen des Anzeigengeschäfts erfüllt hingegen regelmäßig den Tatbestand einer geschäftlichen Handlung, da hierin sowohl die Förderung des eigenen Wettbewerbs gegenüber konkurrierenden Medien gefördert wird, als auch der Wettbewerb der Anzeigenkunden. Auch im Verhalten zur Kundenakquise und Abonnement-Werbung sind regelmäßig geschäftliche Handlungen zu sehen.

b) Mitbewerber

Mitbewerber ist gem. § 2 Nr. 3 UWG jeder Unternehmer, der mit mindestens einem Unternehmer als Anbieter oder Nachfrager von Waren oder Dienstleistungen in einem konkreten Wettbewerbsverhältnis steht.

Ein solches konkretes Wettbewerbsverhältnis liegt vor, wenn zwei Unternehmen gleichartige Waren/Dienstleistungen innerhalb derselben Verkehrskreise abzusetzen/zu beziehen versuchen und das Wettbewerbsverhalten des einen daher den anderen beeinträchtigen (d.h. behindern, stören) kann. Oder in den Worten der Gesetzesbegründung: Wenn zwischen den Vorteilen, die jemand durch eine Maßnahme für ein Unternehmen zu erreichen sucht und den Nachteilen, die ein anderer dadurch erleidet, eine

Wechselbeziehung in dem Sinne besteht, dass der eigene Wettbewerb gefördert und der fremde Wettbewerb beeinträchtigt werden kann.

Dies setzt zunächst voraus, dass die Beteiligten auf demselben sachlichen, räumlichen und zeitlichen Markt miteinander konkurrieren. Für den sachlich relevanten Markt kommt es (in Anlehnung an das im Kartellrecht entwickelte Bedarfsmarktkonzept) darauf an, dass sich die angebotenen Waren/Dienstleistungen nach ihren Eigenschaften, ihrem Verwendungszweck und ihrer Preislage so nahestehen, dass sie aus Sicht des verständigen Nachfragers *austauschbar* sind. Um einen wirksamen wettbewerbsrechtlichen Schutz zu ermöglichen, werden hieran keine hohen Anforderungen gestellt.

Beispiel: Zu weit dürfte es aber gehen, die Austauschbarkeit von Matratzen und Teppichen als Schlafunterlagen im Hinblick auf die vielen in Berlin lebenden Türken und Araber zu bejahen (so aber KG WRP 2001, 48).

Ein Wettbewerbsverhältnis kann auch erst durch die geschäftliche Handlung selbst herbeigeführt werden (sog. ad-hoc-Wettbewerbsverhältnis).

Beispiel: Ein Kaffeehändler, der für Kaffee als Geschenk mit dem Hinweis „statt Blumen ONKO-Kaffee" wirbt, tritt in Wettbewerb mit Blumenhändlern.

Hinsichtlich des räumlich relevanten Marktes ist von der Geschäftstätigkeit des werbenden Unternehmens auszugehen und zu fragen, ob sich die Handlung auf den tatsächlichen oder potenziellen Kundenkreis des anderen Unternehmens auswirken kann.

Beispiel: Bei Läden mit Waren für den täglichen Bedarf sind der jeweilige örtliche Einzugsbereich und die Entfernung zum Mitbewerber entscheidend. Bei einem Kfz-Händler umfasst der Markt auch die den Ort seiner Niederlassung umgebenden Gemeinden; der Markt für Oldtimer wird i.d.R. noch größer sein.

Schwieriger ist die Bestimmung der Mitbewerbereigenschaft bei Fällen der Rufausbeutung, wenn sich ein Unternehmen an den guten Ruf eines anderen anhängt, ohne dass die betroffenen Waren/Dienstleistungen auch nur annähernd substituierbar sind.

Hier ist ein Wettbewerbsverhältnis dann zu bejahen, wenn ein Unternehmer den wirtschaftlich verwertbaren, besonderen Ruf eines anderen für eigene Zwecke ausnutzt; das gilt jedenfalls dann, wenn die verwendete Kennzeichnung einen so überragenden Ruf besitzt, dass ihr Inhaber ihn auch außerhalb seines eigentlichen Warenbereichs nutzen könnte.

Beispiel: Ein Unternehmer bewirbt sein Mineralwasser mit den Worten "Ein Champagner unter den Mineralwässern". Ein anderer Unternehmer meldet die Marke eines weltberühmten Whiskys für Textilwaschmittel an.

c) Wesentliche Beeinflussung des wirtschaftlichen Verhaltens des Verbrauchers

Unlauter gem. § 3 Abs. 2 UWG (bzw. einigen verbraucherbezogenen Beispieltatbeständen) sind nur solche Handlungen, die neben dem Verstoß gegen die unternehmerische Sorgfalt geeignet sind, das wirtschaftliche Verhalten des Verbrauchers wesentlich zu beeinflussen, d.h. die Fähigkeit zu einer informierten geschäftlichen Entscheidung spürbar zu beeinträchtigen und ihn damit zu einer Entscheidung zu veranlassen, die er andernfalls nicht getroffen hätte (§ 2 Abs. 1 Nr. 8 UWG).

Für einen Verstoß gegen ein in der „Schwarzen Liste" enthaltenes Verbot ist demgegenüber keine Spürbarkeit erforderlich.

Die Definition verlangt nicht, dass die Fähigkeit des Verbrauchers tatsächlich beeinträchtigt wird, sondern es genügt, wenn die geschäftliche Handlung dazu geeignet ist. Eine Eignung ist dann zu bejahen, wenn eine objektive Wahrscheinlichkeit besteht; eine bloß theoretische Möglichkeit genügt nicht.

d) Spürbarkeit bei mitbewerberschützenden Tatbeständen

Mit Ausnahme des § 3a UWG enthalten die mitbewerberschützenden Tatbestände kein ausdrückliches Spürbarkeitserfordernis.

Hier ist es der Rechtsprechung überlassen, anhand der jeweiligen Tatbestandsmerkmale („herabsetzt", „gezielt behindert") ein solches aufzustellen. Da für das UWG 2016 keine materiell-rechtlichen Änderungen beabsichtigt waren, kann auf die bisherige Rechtslage zurückgegriffen werden.

Die Spürbarkeit ist zu verneinen, wenn sich die geschäftliche Handlung auf das Marktgeschehen praktisch nicht auswirken kann. Bei der Prüfung der Spürbarkeit bedarf es einer umfassenden Bewertung aller Umstände des Einzelfalls sowie der Schutzzwecke des UWG. So kommt es u.a. auf die Intensität der Beeinträchtigung durch Art und Schwere der Verletzungshandlung sowie die Schutzbedürftigkeit des Verletzten an, auf die Häufigkeit und Dauer des Handelns und nicht zuletzt die Stellung der betroffenen Mitbewerber im Wettbewerb. Auch die Gefahr der Nachahmung des Verhaltens durch Dritte kann berücksichtigt werden, ebenso wie die besondere Anlockwirkung einer geschäftlichen Handlung.

Beispiel: So kann etwa eine zwar nicht irreführende, aber der PreisangabenVO widersprechende Preisangabe die Interessen der Marktteilnehmer spürbar beeinträchtigen, nämlich dann, wenn sie erheblich die durch die PreisangabenVO geschützte Möglichkeit des Preisvergleichs erschwert. Denn der Preisvergleich ist ein unerlässlicher Bestandteil des wirtschaftlichen Wettbewerbs.

Zwar findet das Spürbarkeitserfordernis in den Fällen, in denen § 3 Abs. 1 UWG als Auffangtatbestand für geschäftliche Handlungen ohne Verbraucherbezug anzuwenden ist, keine Anknüpfungspunkt im Gesetz, dennoch sind nach dem Willen des Gesetzgebers durch die Rechtsprechung angemessene Spürbarkeitserfordernisse aufzustellen.

II. Verbraucherleitbild

Die Bestimmung, wann die Fähigkeit des Verbrauchers, eine informierte Entscheidung zu treffen, spürbar beeinträchtigt ist, hängt maßgeblich davon ab, welchen Grad an Aufmerksamkeit man dem Verbraucher unterstellt bzw. für wie schutzbedürftig man ihn erklärt. Es kommt also auf das Verbraucherleitbild an, das der rechtlichen Beurteilung zugrunde gelegt wird. Das Verbraucherleitbild des UWG war einem Wandel unterworfen:

1. Altes Verbraucherleitbild

Zunächst ging die Rechtsprechung davon aus, dass es für die Ermittlung des relevanten Empfängerhorizonts des Verbrauchers auf dessen tatsächliches Verständnis ankommt. Ausgangspunkt war die Annahme, dass ein Verbraucher einer Werbung für Güter des täglichen Bedarfs unkritisch und flüchtig gegenüber tritt, ihr also keine besondere Aufmerksamkeit zukommen lässt. Mit dieser Annahme gingen dann eine entsprechend hohe Schutzbedürftigkeit des Verbrauchers und damit ein „strenges" Lauterkeitsrecht einher.

Beispiel für das alte Verbraucherleitbild: Der meistverkaufte der Welt

Unternehmer U wirbt für seinen Rasierer mit „Der meistverkaufte Rasierer der Welt" (was zutrifft). Mitbewerber M verklagt den U auf Unterlassung mit der Begründung, die Werbung sei irreführend, da der beworbene Rasierer nicht auch in Deutschland der meistverkaufte sei. Der BGH führte dazu aus:

„Denn im Regelfall geht jedenfalls das allgemeine Publikum, solange es nicht mit den Marktverhältnissen eines bestimmten Produkts besonders vertraut ist, mehr oder weniger bewusst von einer gleichen Umsatzentwicklung im Inland aus, wenn ihm ein besonderer Umsatzerfolg auf dem europäischen oder dem Weltmarkt vor Augen gestellt wird. Das beruht auf der Erwartung, dass eine solche Spitzenstellungswerbung mit dem Umsatz ihn auf die Marktverhältnisse hinweist, die für seine Kaufüberlegungen maßgebend sind. Das aber sind jedenfalls in der Regel die Marktverhältnisse auf dem inländischen Markt.

Der Hinweis der Bekl. auf die zunehmende internationale Verflechtung der Märkte und das weltweite Auftreten großer in- und ausländischer Firmen vermag diese Feststellung nicht zu entkräften, denn für die Frage der Irreführungsgefahr kommt es nicht auf eine Entwicklungsrichtung, sondern auf das Bewusstsein und die Vorstellungen der angesprochenen Verkehrskreise an, die sich schon entsprechend ihrer Marktübersicht, die durch Sprach-, Währungs-, Wirtschafts- und Informationsgrenzen eingeschränkt ist, in der Regel an den nationalen Verhältnissen ausrichten. *Demgemäß wird eine Werbung, die ohne klarstellende Einschränkung eine Weltspitzenstellung behauptet, regelmäßig auch dahin aufgefasst werden, es werde zugleich und erst recht eine Spitzenstellung in Deutschland behauptet.* Diesem aus allgemeinen Erfahrungssätzen gewonnenen Ergebnis..." (BGH 1.10.1971, I ZR 51/70, GRUR 1972, 129 – Der meistverkaufte der Welt).

Dass diese Entscheidung auch unter dem früheren Verbraucherleitbild mehr als zweifelhaft ist, macht folgende Überlegung deutlich: Ist ein

Unternehmer mit seinem Produkt zwar weltweit führend, in den einzelnen Ländern aber hinter regionalen Mitbewerber stets nur Zweiter, wäre ihm der Hinweis, dass weltweit kein anderer Rasierer häufiger verkauft wird, verwehrt.

Nicht ohne jede Berechtigung enthält das Verhandlungsprotokoll der *Prantl-Entscheidung* des EuGH (1984) das Zitat vom „pathologisch dummen Verbraucher des deutschen Rechts". Auch *Emmerich* unterstellte der Rechtsprechung, in dieser Schärfe sicherlich überzogen, „den an der Grenze zur Debilität verharrenden, unmündigen, einer umfassenden Betreuung bedürftigen, hilflosen Verbraucher, der auch noch gegen die kleinste Gefahr einer Irreführung durch die Werbung geschützt werden muss".

2. Modernes Verbraucherleitbild

Die deutsche Rechtsprechung ist später der des EuGH gefolgt, der für das Gemeinschaftsrecht und das darauf beruhende harmonisierte nationale Recht von einem Verbraucherleitbild ausgeht, das auf den „durchschnittlich informierten, aufmerksamen und verständigen Durchschnittsverbraucher" abstellt. Eine Berücksichtigung der Umstände und der Produkte, die beworben werden, ist dadurch möglich, dass von einem Verbraucher ausgegangen wird, der „das Werbeverhalten mit situationsbedingt angemessener Aufmerksamkeit" verfolgt. Ebenso kann auf die Besonderheiten der jeweils angesprochenen Verbrauchergruppe abgestellt werden, wie § 3 Abs. 4 UWG klarstellt.

Beispiel für das moderne Verbraucherleitbild: Der meistverkaufte Europas

Unternehmer U wirbt für seinen Rasierer mit „Der meistverkaufte Rasierer Europas" (was zutrifft). Mitbewerber M verklagt den U auf Unterlassung mit der Begründung, die Werbung sei irreführend, da der beworbene Rasierer nicht auch in Deutschland der meistverkaufte sei.

Der BGH führte dazu aus: „Hinsichtlich der Verhältnisse in Europa kann aus der Sicht der Letztverbraucher von einer durch Sprach-, Währungs-, Wirtschafts- und Informationsgrenzen auf das Inland beschränkten Marktübersicht nicht mehr die Rede sein. Dies lässt sich darauf stützen, dass die Wirtschaftsschranken mit der abgeschlossenen Einrichtung des Binnenmarktes, der einen Raum ohne Binnengrenzen umfasst, und nach Eintritt in die zweite Stufe zur Verwirklichung der Wirtschafts- und Währungsunion schon jetzt weitgehend entfallen sind. Der Verbraucher ist sich auch der internationalen konzernmäßigen Verflechtung großer inländischer Unternehmen bewusst; die jeweiligen Landeswährungen sind gefördert durch das Kreditkarten- und Eurocheque-System und durch die öffentliche Diskussion über die Einführung der einheitlichen Euro-Währung stärker in das allgemeine Vorstellungsbild gerückt. Durch das problemlose Reisen innerhalb Europas sind das Sprachverständnis und der Kontakt der Letztverbraucher mit ausländischen Märkten gefördert worden; ihm begegnen zudem einheitliche Vermarktungsstrategien mit einer gegenüber früher völlig veränderten und in ihrem Werbeteil international ausgerichteten Medienlandschaft mit grenzüberschreitender Werbung. All diese Umstände, zu denen die Errichtung des europäischen Wirtschaftsraumes hinzukommt, *sprechen dafür, dass die Marktübersicht und das Kaufverhalten der Letztverbraucher heute wesentlich breiter und in der Regel nicht mehr in gleicher Weise wie vor 25 Jahren derart an den nationalen Verhältnissen ausgerichtet ist, dass die Kaufüberlegungen des Verbrauchers dadurch maßgebend beeinflusst werden.* Es kann daher nicht mehr davon ausgegangen werden, dass die Verhältnisse auf dem inländischen Markt für ihn die gleiche Bedeutung wie früher besitzen" (BGH 15.2.1996, I ZR 9/94, GRUR 1996, 910 – Der meistverkaufte Europas).

Ausdrücklich zum modernen Leitbild des informierten Verbrauchers bekannt hat sich der BGH dann in der Entscheidung „Orient-Teppiche" (BGH 20.10.1999, I ZR 167/97, GRUR 2000, 619).

Richtet sich die geschäftliche Handlung an Unternehmer, ist auch auf den situationsbedingt angemessen aufmerksamen Unternehmer abzustellen.

III. Beispielkatalog der §§ 3a-4a UWG

Bis Ende 2015 enthielt § 4 UWG a.F. einen größeren Beispielkatalog, der durch die Aufzählung typischer Unlauterkeitstatbestände für mehr Transparenz sorgen sollte.

Im UWG bis 2004 wurden diese Fälle alle unter die Generalklausel des § 1 UWG a.F. subsumiert (siehe S. 10).

Im UWG 2016 wurden die Beispieltatbestände neu angeordnet.

Die bisherigen auf den Mitbewerberschutz beschränkten Tatbestände des § 4 Nr. 7-10 UWG a.F. bilden nunmehr den alleinigen Regelungsgegenstand des § 4 UWG, der konsequenterweise mit „Mitbewerberschutz" überschrieben ist. Der vormals in § 4 Nr. 11 UWG a.F. geregelte

Rechtsbruchtatbestand wird in den neuen § 3a UWG überführt und um eine Spürbarkeitsklausel ergänzt. Der Regelungsgegenstand des § 4 Nr. 1 und 2 UWG a.F. findet sich im neu geschaffenen § 4a UWG, während § 4 Nr. 3 UWG a.F. in § 5a Abs. 6 UWG aufgeht. Der Inhalt des § 4 Nr. 4 und 5 UWG a.F. wird von den §§ 5 und 5a Abs. 2 und 4 UWG abgedeckt. § 4 Nr. 6 UWG a.F. wurde ersatzlos gestrichen (siehe S. 12).

Gegenüber der „alten" Generalklausel (Handlungen, „die gegen die guten Sitten verstoßen") sind die Verbote durch den Beispielkatalog zwar transparenter. Die Unausgewogenheit zwischen kasuistisch ausgeformten Tatbeständen und generalklauselhaften unbestimmten Rechtsbegriffen wird aber zu Recht kritisiert, zumal gerade bei unbestimmten Rechtsbegriffen der Blick in die Kommentierung nach wie vor unumgänglich ist.

1. § 3a UWG – Verstoß gegen Marktverhaltensregelung (§ 4 Nr. 11 UWG a.F.)

Die Verletzung von Vorschriften, die außerhalb des UWG liegen, kann einem Unternehmen einen Wettbewerbsvorteil verschaffen. Aber nicht jeder Verstoß führt zur Unlauterkeit, sondern nach § 3a UWG nur die Zuwiderhandlung gegen eine gesetzliche Vorschrift, die auch dazu bestimmt ist, im Interesse der Marktteilnehmer das Marktverhalten zu regeln (= Marktverhaltensregelung). Zudem muss der Verstoß geeignet sein, die Interessen der Marktteilnehmer spürbar zu beeinträchtigen.

a) Marktverhaltensregelung

Bei der verletzten Rechtsnorm muss es sich um eine „gesetzliche Vorschrift" handeln; dazu zählen alle Gesetze im formellen Sinne, Rechtsverordnungen, Satzungen, Gewohnheitsrecht, Anstaltsordnungen sowie Standes- und Berufsordnungen.

Die verletzte Norm muss eine marktbezogene Schutzfunktion haben, also dem Schutz der Marktteilnehmer dienen. Dies ist durch Auslegung zu ermitteln, wozu alle Auslegungsmethoden heranzuziehen sind.

Die Rechtsprechung zu § 1 UWG a.F. verlangte seit dem Jahre 2000 einen Marktbezug der verletzten Vorschrift.
Zuvor unterschied sie lange Jahre zwischen wertneutralen und wertbezogenen Normen. Wertneutrale Normen sind Ausdruck ordnender

Zweckmäßigkeit, regeln aber nicht unmittelbar das Verhalten im Wettbewerb und gelten nicht als „sittlich fundiert". Unlauterkeit wurde bei Verstößen gegen eine solche Norm nur dann bejaht, wenn sich der Gewerbetreibende bewusst und planmäßig über die Norm hinweggesetzt hat, um dadurch einen Vorsprung gegenüber seinen gesetzestreuen Mitbewerbern zu erlangen (daher die frühere Bezeichnung der Fallgruppe als „Vorsprung durch Rechtsbruch").

Demgegenüber folgte aus der Verletzung einer wertbezogenen Norm regelmäßig die Unlauterkeit. Solche Normen sind entweder sittlich fundiert, dienen also dem Schutz der Gemeinschaft oder haben unmittelbar wettbewerbsregelnden Charakter. Mangels zuverlässiger Kriterien hat sich die Abgrenzung als nur schwer möglich gezeigt.

Eine Abkehr von dieser Unterscheidung ergab sich dann mit der Abgasemissionen-Entscheidung des BGH vom 11.5.2000 (I ZR 28/98), wonach bei einem Verstoß gegen wertbezogene Normen ein Verstoß gegen das UWG dann ausscheide, wenn die Vorschrift nicht zumindest eine sekundär wettbewerbsbezogene Schutzfunktion aufweise.

Nach dem Wortlaut des Gesetzes genügt es, wenn die Vorschrift „auch" dazu dient, das Marktverhalten zu regeln.

Beispiel: Das Ladenschlussgesetz dient wesentlich den Interessen der Arbeitnehmer, was keinen Marktbezug aufweist. Daneben dient es aber auch den Interessen kleinerer Unternehmer, die ohne Beschäftigung von Arbeitnehmern nur eine begrenzte Zeit öffnen können und wegen der begrenzten Leistungsmöglichkeiten ohne Begrenzung der Öffnungszeiten gegen größere Unternehmen nicht bestehen könnten.

Häufig relevant werden im Rahmen des § 3a UWG Verstöße gegen die PreisangabenVO, das Heilmittelwerbegesetz, die das AGB- und Verbraucherschutzrecht regelnden Vorschriften des BGB, die Impressumspflicht nach dem Telemediengesetz (TMG) etc.

Beispiele: So schreibt die PreisangabenVO vor, dass bei Lebensmitteln die Grundpreise anzugeben sind (§ 2 Abs. 3 S. 1, 2), ein Verstoß hiergegen kann – wenn Spürbarkeit gegeben ist, demnach von den Mitbewerbern und Verbänden etc. verfolgt werden.

Auch Unterlassungsansprüche wegen der Verwendung unzutreffender Widerrufsbelehrungen im Fernabsatzgeschäft bzw. unzulässiger AGB werden über § 3a UWG geltend gemacht.

Nach dem Mess- und Eichgesetz ist es verboten, Fertigpackungen anzubieten, wenn sie nach ihrer Gestaltung eine größere Füllmenge vortäuschen, als in ihr erhalten ist. Beträgt das Volumen der Umverpackung mehr als das Doppelte des Volumens der Innenpackung, ist trotz deutlicher Gewichtsangabe ein Verstoß gegen § 3a (und § 5) UWG gegeben (OLG Karlsruhe, 20.3.2015, 4 U 196/14, WRP 2015, 774). Demgegenüber kann aus dem UWG nicht vorgehen, wer verhindern will, dass sich ein Mitbewerber dadurch Vorteile verschafft, dass er beim Ausliefern die erlaubte Höchstgeschwindigkeit regelmäßig überschreitet (kein Marktbezug der StVO). Das gleiche gilt für Verstöße gegen Tarif- und Steuerrecht. Regelung zur Zahlung des gesetzlichen Mindestlohns sind keine Marktverhaltensvorschriften (KG Berlin, 14.2.2017, 5 U 105/16, WRP 2017, 460).

Ob die datenschutzrechtlichen Regelungen des TMG Marktverhaltens- regeln sind, ist innerhalb der obergerichtlichen Rechtsprechung hingegen ebenso umstritten wie bei den Regelungen der DSGVO.

Für die Unlauterkeit ist es erforderlich, wenn der Verstoß geeignet ist, die Interessen der Marktteilnehmer spürbar zu beeinträchtigen.

Welche Anforderungen an die Spürbarkeit zu stellen sind, kann sich auch aus der verletzten Norm ergeben.

Beispiel: Fraglich ist, ob ein Verstoß gegen § 3a UWG vorliegt, wenn eine Apotheke ihren Kunden beim Erwerb von verschreibungspflichtigen Arzneimitteln einen 50cent-Brötchen-Gutschein gewährt. Bei einer Werbung für Arzneimittel sind nach § 7 Abs. 1 S. 1 Nr. 1 Heilmittelwerbegesetz (HWG) Zuwendungen unzulässig, soweit sie entgegen den Preisvorschriften gewährt werden, die aufgrund des Arzneimittelgesetzes gelten. Hiernach ist für verschreibungspflichtige Arzneimittel ein einheitlicher Apothekenabgabepreis zu gewährleisten.
Die Regelung des Zuwendungsverbots soll der abstrakten Gefahr begegnen, dass Verbraucher bei der Entscheidung, ob und welche Arzneimittel sie in Anspruch nehmen, durch die Aussicht auf Werbegaben unsachlich beeinflusst werden. Und soweit die Vorschrift Werbeabgaben generell verbietet, soll damit außerdem ein ruinöser Preiswettbewerb zwischen den Apotheken verhindert und eine flächendeckende und gleichmäßige Versorgung der Bevölkerung mit Arzneimitteln sichergestellt werden. Folglich weist diese Regelung eine marktbezogene Schutzfunktion auf, so dass sie als Markverhaltensregelung anzusehen ist.
Mit der Abgabe eines Brötchen-Gutscheins wurde gegen diese Regelung verstoßen, da es keinen Unterschied machen kann, ob eine Ware verbilligt abgegeben wird oder zu ihr ein Gutschein gereicht wird.
Weiterhin müsste dieser Verstoß geeignet sein, die Interessen der Marktteilnehmer spürbar zu beeinträchtigen.
Gegen die Spürbarkeit spricht zunächst der mit 50cent geringe Wert des Brötchen-Gutscheins. Auch ist zweifelhaft, ob sich ein verständiger Verbraucher von einem derartigen Gutschein tatsächlich beeinflussen lassen würde oder ob er diesen eher als Ausdruck allgemeiner

Kundenfreundlichkeit wahrnimmt. Auf der anderen Seite ist zu berücksichtigen, dass gerade dann, wenn insoweit kein Preiswettbewerb zwischen den Apotheken möglich ist, auch die Anlockwirkung eines geringwertigen, aber mit einem echten Nutzen versehenen Gutscheins, gegeben sein kann. Zudem würde es genügen, wenn der Erhalt des Gutscheins beim Erwerb rezeptpflichtiger Medikamente zumindest Teile der angesprochenen Verkehrskreise zum Besuch der Apotheke motivieren kann. Daneben ist jede gesetzlich verbotene Abweichung vom Apothekenabgabepreis geeignet, einen unerwünschten Preiswettbewerb zwischen den Apotheken auszulösen. Schließlich darf eine eindeutige gesetzliche Regelung, nach der jede Gewährung einer Zuwendung, die gegen die Preisvorschriften des Arzneimittelgesetzes verstößt, unzulässig ist, nicht dadurch unterlaufen werden, dass ein solcher als nicht spürbar eingestuft und damit als nicht wettbewerbswidrig angesehen wird. Folglich liegt ein Verstoß gegen § 3a UWG vor. (vgl. BGH, 6.6.2019, I ZR 206/17, GRUR 2019, 1071 und I ZR 60/18, GRUR 2019, 1078).

Prüfungsschema:
Unlauterkeit einer geschäftlichen Handlung nach
§ 3a UWG

I. Vorliegen einer „gesetzlichen Vorschrift"

II. Marktverhaltensregelung

III. Verstoß gegen diese Norm

IV. Spürbarkeit

---

b) Weitere Beschränkung - Das Recht am eigenen Bild

Bilder von bzw. mit Prominenten haben eine große Bedeutung in der Werbung. Das UWG enthält zur Frage der Zulässigkeit aber keine umfassende Regelung. Eine solche findet sich aber im KUG, in welchem das Recht am eigenen Bild geregelt ist. Da es sich hierbei um keine Regelung mit Marktbezug handelt, kann nur der Abgebildete seine Rechte aus dem KUG geltend machen.

Nach der Grundregel des § 22 KUG ist die Einwilligung des Abgebildeten vor einer Veröffentlichung erforderlich.

Ausnahmsweise kann aber die Einwilligung entbehrlich sein, so nach § 23 Abs. 1 Nr. 1 KUG für Bildnisse aus dem Bereich der

Zeitgeschichte. Im Rahmen eines abgestuften Schutzkonzepts ist in einer Interessengewichtung und -abwägung im Einzelfall zu prüfen, ob das Bildnis der Zeitgeschichte zuzuordnen ist. Dabei hat eine Abwägung zwischen der Pressefreiheit und dem Persönlichkeitsschutz zu erfolgen; Maßstab bildet das Interesse der Öffentlichkeit an vollständiger Information. Bei der Abwägung ist auch das mediale Vorverhalten des Betroffenen zu beachten.

Beispiel: So durfte ein Foto des ehemaligen Bundespräsidenten Christian Wulff, welches ihn beim Supermarkteinkauf zeigt, auch ohne seine Einwilligung verbreitet werden. Begründet wurde dies u.a. mit dem Ausmaß, in dem er in der Vergangenheit sein Ehe- und Familienleben immer wieder öffentlich thematisiert hat (BGH 6.2.2018, VI ZR 76/17, GRUR 2018, 549).

Nach alter Rechtsprechung wurde bei der Abwägung zwischen relativen und absoluten Personen der Zeitgeschichte unterschieden.

Absolute Person der Zeitgeschichte war, wer aufgrund seiner Stellung, Taten oder Leistungen außergewöhnlich herausragte und deshalb derart im Blickpunkt der Öffentlichkeit stand, dass ein besonderes Informationsinteresse an der Person selbst und an allen Vorgängen, die ihre Teilnahme am öffentlichen Leben ausmachen, bestand. Bildnisse von diesen Personen durften auch ohne ihre Einwilligung verbreitet und veröffentlicht werden.

Eine *relative* Person der Zeitgeschichte ist jemand, der im Zusammenhang mit einem zeitgeschichtlichen Ereignis in den Blick der Öffentlichkeit geraten ist. Für Bildnisse dieser Person galt, dass sie nur im Zusammenhang mit diesem Ereignis ohne Einwilligung veröffentlicht werden durften.

Beispiel: Der bekannte ehemalige Torwart der deutschen Fußball-Nationalmannschaft Uli Stein muss es als Person der Zeitgeschichte dulden, dass ein Portraitfoto im Trikot der Nationalmannschaft auf einer Sammelkarte abgedruckt ist, deren Rückseite textliche Informationen zu seiner Sport-Karriere enthält (OLG Frankfurt 7.8.2018, 11 U 156/16).

Daneben ist es zulässig, Bilder, auf denen die Personen nur als Beiwerk neben einer Landschaft oder sonstigen Örtlichkeit erscheinen (§ 23 Abs. 1 Nr. 2 KUG) und Bilder von Versammlungen, Aufzügen etc., an denen die dargestellten Personen teilgenommen haben (§ 23 Abs. 1 Nr. 3 KUG), zu veröffentlichen;

eine Ausnahme gilt auch für Bildnisse, die einem höheren Interesse der Kunst dienen (§ 23 Abs. 1 Nr. 4 KUG).

Eine Grenze für die genannten Ausnahmen bildet § 23 Abs. 2 KUG, wonach diese nicht eingreifen, wenn ein berechtigtes Interesse des Abgebildeten verletzt wird. Neben Bildern mit Bezug zur Privat- und Intimsphäre wird diese Einschränkung v.a. relevant für Veröffentlichungen zu Werbezwecken. Eine Vereinnahmung zu Werbezwecken widerspricht grundsätzlich dem berechtigten Interesse des Abgebildeten.

Aber auch hier gibt es Ausnahmen.

Beispiele: Verleger V will eine neue Zeitung auf den Markt bringen. In den beiden Monaten vor Erscheinen der Erstausgabe wirbt er mit einem fiktiven Titelblatt, welches den berühmten Boris B. zeigt. Tatsächlich erscheint dieses Titelblatt nie. Boris B. meint, in seinem Recht am eigenen Bild verletzt zu sein, da er keine Einwilligung in die Werbung mit seinem Bildnis gegeben hat. Der BGH hat ihm nur teilweise zugestimmt: Da die Werbung für ein Presseerzeugnis auch dem Schutz der Pressefreiheit unterfällt, darf der Verleger auch mit dem Bildnis von Boris B. für das Testexemplar einer Zeitung werben. Das gilt allerdings nur solange, wie kein tatsächlich erschienenes Exemplar der Zeitung zur Verfügung steht, mit dessen Titelblatt geworben werden kann.

Autovermieter A wirbt in einer Werbeanzeige, welche die Einzelfotos aller Mitglieder des Bundeskabinetts enthält anlässlich des Rücktritts des Finanzministers mit den Worten: „A vermietet auch Autos an Mitarbeiter in der Probezeit". Auch der abgebildete Finanzminister musste diese Vereinnahmung zu Werbezwecken hinnehmen: Nach dem BGH muss nämlich die satirische Auseinandersetzung mit einem aktuellen Ereignis hingenommen werden. Dies gilt v.a. dann, wenn nicht die Gefahr besteht, dass die Adressaten der Werbung diese so verstehen, als würde der Betroffene bewusst für das Unternehmen Werbung machen.

Auch wenn kein Recht darauf besteht, nur so wahrgenommen zu werden, wie man wahrgenommen werden möchte, besteht Schutz vor der Veröffentlichung von technisch manipulierten Bildern, welche den Anschein erwecken, authentisch zu sein.

Verstöße gegen das Persönlichkeitsrecht, zu dem auch das Recht am eigenen Bild gehört, können gravierende wirtschaftliche Folgen haben, da den Betroffenen u.U. eine Geldentschädigung zusteht.

So hat das OLG Köln den Springer-Verlag verurteilt, wegen insgesamt 13 Bildveröffentlichungen (u.a. als Untersuchungshäftling im Innenhof einer JVA) 235.000 Euro Geldentschädigung zu zahlen (OLG Köln, 12.7.2016, 15 U 175/15).

Das LG Köln hat dem ehemaligen Bundeskanzler Helmut Kohl wegen der Veröffentlichung vertraulicher und wohl z.T. erfundener Zitate (mit teils pikanten Äußerungen über andere Politiker) eine Geldentschädigung in Höhe von einer Million Euro zugesprochen (LG Köln, 27.4.2017, 14 O 323/15).

2. § 4 Nr. 1 UWG – Herabsetzung (§ 4 Nr. 7 UWG a.F.)

Wer die Geschäftsehre eine Mitbewerbers dadurch verletzt, dass er dessen Kennzeichen, Waren, Dienstleistungen, Tätigkciten oder persönliche oder geschäftliche Verhältnisse herabsetzt oder verunglimpft, handelt gem. § 4 Nr. 1 UWG unlauter.

Unter „Herabsetzung" ist die sachlich nicht gerechtfertigte Verringerung der Wertschätzung des Mitbewerbers in den Augen der angesprochenen Verkehrskreise zu verstehen. Die „Verunglimpfung" stellt eine gesteigerte Form des Herabsetzens dar, eine Verächtlichmachung in Gestalt eines abträglichen Werturteils ohne sachliche Grundlage.

Da auch das UWG grundrechtskonform auszulegen ist, findet der durch Art. 5 Abs. 1 GG gewährte Schutz der Meinungsfreiheit Berücksichtigung.

Unwahre Tatsachenbehauptungen sind davon allerdings nicht erfasst. Da zur Herabsetzung bzw. Verunglimpfung geeignete Behauptungen regelmäßig zugleich zur Kreditschädigung des Betroffenen geeignet sind, tritt hier § 4 Nr. 1 UWG hinter § 4 Nr. 2 UWG zurück.

Bei wahren Tatsachenbehauptungen, die zur Herabsetzung bzw. Verunglimpfung des Mitbewerbers geeignet sind, hat eine Interessensabwägung zu erfolgen. Bei dieser Gesamtwürdigung sind die Umstände des Einzelfalls zu berücksichtigen, wie insbesondere Inhalt und Form der Äußerung, der Anlass, der Zusammenhang, in dem sie erfolgt sind, sowie die Verständnismöglichkeiten des angesprochenen Verkehrs. Sollte – wohl eher selten – ein überwiegendes Interesse des Betroffenen vorliegen, hat dieses dennoch zurückzutreten, soweit beim Adressaten der Mitteilung ein ernsthaftes und schutzwürdiges Interesse an der

Kenntnis der Tatsache besteht und die Verbreitung im Rahmen des durch den Anlass vorgegebenen Erforderlichen gehalten wird.

Beispiel: In Betracht kommt hier die Mitteilung neuer wissenschaftlicher Erkenntnisse über ein Konkurrenzprodukt.

Werturteile sind von Art. 5 Abs. 1 GG insoweit nicht geschützt, als sie eine reine Schmähung der angegriffenen Person oder einen Angriff auf die Menschenwürde darstellen.

Beispiel: Bezeichnung einer anderen Person in der Öffentlichkeit als „Krüppel".

Aber auch außerhalb dieser Grenzen kommt der Meinungsfreiheit nicht in jedem Fall Vorrang zu. Sie führt nur dann zur Verneinung eines Wettbewerbsverstoßes, wenn sich die geübte Kritik aufgrund einer Abwägung der berührten Güter und der seitens der Beteiligten wie auch der Allgemeinheit involvierten Interessen im Rahmen der Verhältnismäßigkeit hält.

Beispiel 1: Ein Apotheker weist auf ein Produkt mit Haifischknorpelpulver hin: „Der Scheiß des Monats! Präparate, die wir Ihnen nicht empfehlen können". Darunter ist auf dem Display eine Originalverpackung des Produkts H angebracht. Darunter: "Zu Lug und Trug der Werbeaussagen fragen Sie uns in der Apotheke!". Originaltext auf der Verpackung: „Der Hai bewohnt seit 400 Millionen Jahren in nahezu unveränderter Gestalt unsere Weltmeere und hat in dieser langen Zeit eine erstaunlich robuste Gesundheit entwickelt. Einen kranken Hai hat man so gut wie nie beobachtet, und selbst größere Wunden heilen bei ihm innerhalb kürzester Zeit".

Hierbei handelt es sich um eine pauschale Herabsetzung ohne jeden konkreten tatsachenbezogenen Informationsgehalt. Auch dort, wo scharfe Kritik gerechtfertigt ist, muss ein Mindestmaß an sachlichem Gehalt gegeben sein. Auch Art. 5 Abs. 1 GG ändert an der Bewertung nichts: So ist auch die Aussage „nicht empfehlenswert" nicht geeignet, substantiell zur Meinungsäußerung beizutragen, da ihr jeder Informationsgehalt bezüglich des Grundes des geäußerten Werturteils fehlt. Damit liegt ein Verstoß gegen § 4 Nr. 1 UWG vor (vgl. OLG München, 23.5.1996, 29 U 5936/95).

Beispiel 2: Eine Herabsetzung ist gegeben, wenn in einem Schreiben eines Sparkassenverbands an einen Sportverband ein Sponsor als „das Schmuddelkind der Bankenbranche" bezeichnet wird. Dass die Bank als Folge der Finanzkrise staatliche Unterstützung in Anspruch nehmen musste rechtfertigt diese Aussage v.a. dann nicht, wenn die

Unterstützung staatlicher Banken verschwiegen wird (vgl. OLG Frankfurt, 18.6.2015, 6 U 46/14, WRP 2015, 1119).

Beispiel 3: Demgegenüber ist die Werbung für die Errichtung von Häusern in Holzbauweise mit dem Slogan „Die ‚Steinzeit' ist vorbei!" zulässig, da der verständige Durchschnittsverbraucher den Werbesatz aufgrund des humorvollen Wortspiels und des darin enthaltenen Sprachwitzes nicht im Sinne einer Sachaussage ernst nehmen wird.

Beispiel 4: Hinsichtlich der Werbung eines Mietwagenunternehmens mit „Die beste Werbung für S sind die Angebote der Konkurrenz" hat das KG entschieden, dass erhebliche Teile der angesprochenen Verkehrskreise die Werbung dahin verstehen würden, die Angebote der Konkurrenz seien allgemein und deutlich schlechter; Konkurrenzangebote würden als überteuert oder minderwertig dargestellt. Da die Werbung keinen aktuellen Bezug hat, werde den Konkurrenten die Befähigung zu Leistungen gleicher Art und Güte allgemein abgesprochen.

Hier kann man mit guter Begründung durchaus auch eine andere Auffassung vertreten, etwa wenn man darauf abstellt, dass der aufgeklärte Verbraucher derartige Aussagen als „marktschreierisch" und nicht ganz ernst zu nehmen erkennt.

3. § 4 Nr. 2 UWG – Unwahre Tatsachenbehauptungen (§ 4 Nr. 8 UWG a.F.)

Unlauter gem. § 4 Nr. 2 UWG handelt, wer über Waren oder Dienstleistungen oder das Unternehmen eines Mitbewerbers etc. unwahre Tatsachen behauptet oder verbreitet, die geeignet sind, den Betrieb des Unternehmens oder den Kredit des Unternehmers zu schädigen (sog. Anschwärzung).

Anders als bei § 4 Nr. 1 UWG sind hier nur Tatsachen, nicht aber Werturteile erfasst. Eine Tatsache ist dadurch gekennzeichnet, dass sie dem *Beweis zugänglich* ist, während ein Werturteil vorliegt, wenn die Äußerung durch Elemente der Stellungnahme, des Dafürhaltens oder Meinens geprägt ist.

Beispiele: Als Tatsachenbehauptung eingestuft wurde die Behauptung, ein Mitbewerber sei zur Lieferung von Ware in einer bestimmten Größenordnung nicht in der Lage. Demgegenüber soll es ein Werturteil sein, wenn ein Unternehmer behauptet, ein Konkurrent verletze seine Patente.

Eine Tatsache behauptet, wer sie selbst aufstellt; eine Verbreitung liegt in der Weitergabe einer fremden Tatsachenbehauptung.

Die Eignung zur Geschäfts- oder Kreditschädigung liegt vor, wenn eine objektiv bestehende Gefahr einer Beeinträchtigung der wirtschaftlichen Wertschätzung gegeben ist.

Eine bloße Ehrkränkung ohne Auswirkung auf unternehmerische Belange genügt daher nicht.

Um dem Unlauterkeitsvorwurf zu entgehen, muss der Äußernde die Wahrheit der Behauptung beweisen; es ist also nicht Sache des Verletzten, die Unwahrheit zu beweisen. Die Beweislast dreht sich nach § 4 Nr. 2 Hs. 2 UWG aber um, wenn es sich um eine vertrauliche Mitteilung handelt, an welcher der Mitteilende oder Empfänger ein berechtigtes Interesse hat.

4. § 4 Nr. 3 UWG – Anbieten von nachgeahmten Waren/Dienstleistungen (§ 4 Nr. 9 UWG a.F.)

Nach § 4 Nr. 3 UWG handelt unlauter, wer Waren oder Dienstleistungen anbietet, die eine Nachahmung von solchen eines Mitbewerbers sind, wenn er eine vermeidbare Herkunftstäuschung herbeiführt, die Wertschätzung unangemessen ausnutzt bzw. beeinträchtigt oder die für die Nachahmung erforderlichen Kenntnisse unredlich erlangt hat.

a) Problematik

Dieser wettbewerbsrechtliche Nachahmungsschutz befindet sich in einem Spannungsverhältnis zum Sonderrechtsschutz, den der gewerbliche Rechtsschutz und das Urheberrecht bieten.

So gehört es zu den Grundlagen jeder Gesellschaft, dass die erbrachten Leistungen auf den Leistungen aufbauen, welche die Vorfahren erbracht haben. Leistungen anderer auszunutzen, kann daher nicht per se verboten sein.

Allerdings sieht die Rechtsordnung für besondere Leistungen auch einen besonderen Schutz vor: Unter den Voraussetzungen des Patentgesetzes bekommt etwa ein Erfinder das Recht, seine Erfindung exklusiv zu benutzen und alle anderen für einen Zeitraum von maximal 20 Jahren von der Benutzung auszuschließen.

Auch das Designrecht (bis Ende 2013 noch „Geschmacksmusterrecht") enthält einen Schutz von Design für maximal 25 Jahre, in denen der Anmelder dieses Design ebenfalls exklusiv

nutzen kann. Liegen die Voraussetzungen für einen solchen Schutz nicht vor oder ist die Schutzfrist abgelaufen, ist eine Nachahmung damit grundsätzlich zulässig. Man spricht insoweit von der Nachahmungsfreiheit, die einen Imitationswettbewerb ermöglicht.
Vor diesem Hintergrund wird kritisiert, dass diese Nachahmungsfreiheit durch § 4 Nr. 3 UWG wieder relativiert und ein Schutz von Innovationen möglich ist, der über die gesetzliche Laufzeit hinausgeht. Zudem müsste eine Nachahmung von Produkten, die keinen Sonderrechtsschutz (mehr) genießen, ja zulässig sein.

Beispiel: Die Gestaltung des Ziffernblatts einer Uhr kann designrechtlich geschützt sein. Nach Ablauf der Schutzfrist ist es dann rechtfertigungsbedürftig, einen zeitlich weitergehenden Schutz über das UWG zu gewähren (vgl. BGH, 8.11.1984, I ZR 128/82, GRUR 1985, 876 – Tchibo/Rolex).

Im UWG wird gewissermaßen ein Kompromiss verwirklicht: So ist nämlich nicht jede Nachahmung unlauter, sondern nur dann, wenn ein besonderer Umstand wie z.B. die Herkunftstäuschung hinzukommt.

b) Voraussetzungen

Die Unlauterkeit einer Nachahmung (die als solche auch gesondert festzustellen ist) setzt voraus, dass das Originalprodukt wettbewerbliche Eigenart aufweist und besondere Unlauterkeitsmerkmale hinzutreten, welche die Nachahmung als nicht leistungsgerecht erscheinen lassen.

Wettbewerbliche Eigenart eines Erzeugnisses liegt vor, wenn dessen konkrete Ausgestaltung oder einzelne Merkmale geeignet sind, im Verkehr auf seine betriebliche Herkunft oder seine Besonderheiten hinzuweisen.
Dass Gestaltungsmerkmale oft technisch bedingt sind, ist unschädlich, wenn sie willkürlich wählbar und frei austauschbar sind. Es ist nicht erforderlich, dass das Produkt eine besondere Bekanntheit genießt. Eine solche kann aber dazu führen, dass eine an sich als schwach eingeschätzte Eigenart zu einer normalen, und eine normal eingeschätzte zu einer hohen Eigenart erstarken kann.

Beispiele: Die Gestaltung von Kissen mit dem Sinnspruch „Ohne dich ist alles doof" und die Kombination von Alltagsgegenständen mit Pfeilen zu

„doof" führen zu einer Eignung als Herkunftshinweis. Es spielt dabei auch keine Rolle, dass der Verkehr den Hersteller nicht kennt, wenn er zumindest davon ausgehen kann, dass diese Art für einen bestimmten – namentlich unbekannten – Hersteller spricht. Auch die Gestaltung von Jeans, Schmuck, Straßenlaternen und Küchengegenständen kann Eigenart haben.

Hinsichtlich der Nachahmung ist zwischen der nachschaffenden Leistungsübernahme und der unmittelbaren Leistungsübernahme zu unterscheiden:

- *Nachschaffend* erfolgt die Leistungsübernahme, wenn die fremde Leistung nicht unmittelbar oder fast identisch übernommen wurde, sondern lediglich als Vorbild benutzt und unter Einsatz eigener Leistung wiederholt wird, also eine bloße Annäherung an das Originalprodukt vorliegt. Entscheidend ist dann, ob die Nachahmung wesentliche Elemente des Originals aufweist oder sich deutlich davon absetzt.
- Eine *unmittelbare* Leistungsübernahme liegt vor, wenn die fremde Leistung unverändert übernommen wird.

Die Feststellung des Grades der Nachahmung spielt in der Praxis eine große Rolle, weil die Anforderungen an die Eigenart und die besonderen Umstände umso geringer sind, je näher das nachgeahmte Produkt am Original ist.

Beispiel: Bei einer 1:1-Nachahmung sind die Anforderungen an die Gefahr einer Herkunftstäuschung deutlich geringer, als wenn wesentliche Elemente im nachgeahmten Produkt nur noch teilweise durchscheinen.

Aus dem Begriff der Nachahmung wird zudem hergeleitet, dass dem Nachahmer das Original bekannt gewesen sein muss.

Handelt es sich also um eine selbstständige Zweitentwicklung, ist eine Nachahmung schon begrifflich ausgeschlossen.

Die besonderen Umstände, welche zur Unlauterkeit der Nachahmung führen, sind im Gesetz aufgezählt. Nach § 4 Nr. 3 a) UWG ist es unlauter, wenn das Anbieten der Nachahmung zu einer vermeidbaren Täuschung der Abnehmer über die betriebliche Herkunft führt. Eine Herkunftstäuschung liegt vor, wenn die angesprochenen Verkehrskreise den Eindruck gewinnen können, die Nachahmung stamme vom Hersteller des Originals oder eines mit ihm verbundenen Unternehmens. Die im Markenrecht entwickelten Grundsätze zur Verwechslungsgefahr sind hier anwendbar. Maßgeblich ist also der Gesamteindruck, den Original und Nachahmung dem Betrachter vermitteln.

Vermeidbar ist eine Herkunftstäuschung, wenn sie durch geeignete und zumutbare Maßnahmen verhindert werden kann.
Beispiel: Verwendung anderer Materialien, Verpackungen, Produktbezeichnungen; das Hinzufügen einer Herkunftskennzeichnung.

Was zumutbar ist, wird im Rahmen einer Interessenabwägung ermittelt, bei der auch das Interesse der Abnehmer an einem Wettbewerb der Anbieter im Hinblick auf Preis und Austauschbarkeit der Produkte zu berücksichtigen ist.

Der besondere Umstand nach § 4 Nr. 3 b) UWG führt zur Unlauterkeit, wenn die Wertschätzung des nachgeahmten Produkts unangemessen ausgenutzt oder beeinträchtigt wird. Eine Ausnutzung liegt vor, wenn die angesprochenen Verkehrskreise die Wertschätzung für das Original auf die Nachahmung übertragen (sog. Imagetransfer). Beeinträchtigt wird die Wertschätzung, wenn der gute Ruf des Originals durch den Vertrieb der Nachahmung Schaden nimmt.

Das ist auch dann gegeben, wenn der Verkehr die Kopie als solche erkennt. Denn einen guten Ruf aufrechtzuerhalten ist deutlich erschwert, wenn eine umfassende Kopiertätigkeit stattfindet.

Die Frage der Unangemessenheit ist durch eine umfassende Interessenabwägung zu beantworten.

Nach § 4 Nr. 3 c) UWG führt es zur Unlauterkeit, wenn der Nachahmer die für die Nachahmung erforderlichen Kenntnisse oder Unterlagen unredlich erlangt hat. Das ist – neben den Fällen strafbaren Verhaltens – auch dann der Fall, wenn dem Erlangen eine Täuschung oder ein Vertrauensbruch zugrunde lag.

Eine weitere Fallgruppe unlauteren Verhaltens ist die planmäßige Nachahmung.

Beispiel: Unternehmer U bewundert den Originalhersteller O für dessen tolle Produktideen. Daher bringt U stets 6 Monate nach Einführung des Originalprodukts eine Nachahmung auf den Markt, die er wegen der eingesparten Entwicklungskosten deutlich günstiger als O anbieten kann.

Ob neben den bereits genannten Voraussetzungen zusätzlich eine Interessensabwägung stattfinden muss, wird nicht einheitlich beantwortet.

Der wettbewerbsrechtliche Schutz besteht grundsätzlich so lange, wie Eigenart und Unlauterkeitsgründe bestehen.

Bei Ersatzteilen und Innovationen dauert der Schutz bei Bestehen der Voraussetzungen mindestens so lange, bis sich für den Originalhersteller das Investment für die Markterschließung amortisiert hat. Äußere Grenze bildet die Dauer des Sonderrechtsschutzes.

5. § 4 Nr. 4 UWG – Gezielte Behinderung (§ 4 Nr. 10 UWG a.F.)

Wer einen Mitbewerber gezielt behindert, handelt unlauter gem. § 4 Nr. 4 UWG. Da die Beeinträchtigung der wettbewerblichen Entfaltungsmöglichkeiten (= Behinderung) der Mitbewerber zum Wesen des Wettbewerbs gehört, führt erst die Zielgerichtetheit einer Behinderung zur Unlauterkeit.

Diese liegt dann vor, wenn es bei der Handlung nicht um die Förderung des eigenen Wettbewerbs geht, sondern um die Beeinträchtigung des Wettbewerbs der Konkurrenz. Ob dies der Fall ist, muss unter objektiver Würdigung aller Umstände festgestellt werden.

Beispiel: Ein Verlag für kostenlose Anzeigenblätter bietet Aufkleber an mit dem Aufdruck „keine kostenlosen Zeitungen", die daneben aber das Logo des Verlags enthalten. Ziel der Aufkleber ist es, dass ausschließlich Anzeigenblätter dieses Verlags in die Briefkästen eingeworfen werden, nicht aber solche der Konkurrenz. Das OLG Koblenz (16.1.13, 9 U 982/12, WRP 2013, 361) sah im Angebot der Aufkleber eine gezielte Behinderung der Konkurrenten, da die Aufkleber auf Verdrängung der Mitbewerber gerichtet waren. Denn der Markt für kostenlose Anzeigenblätter wird dadurch bestimmt, dass entweder alle derartigen Blätter oder keine in den Briefkasten eingelegt werden können.

Eine entsprechende Behinderungsabsicht ist nicht erforderlich; liegt sie aber vor, ist die Zielgerichtetheit gegeben.

Beispiel: Ein Unternehmer lässt Werbeplakate kleben. Versehentlich werden dabei auch Plakate eines Mitbewerbers überklebt.

Da das Eindringen in einen fremden Kundenkreis und das Ausspannen sowie Abfangen von Kunden grundsätzlich wettbewerbsimmanent sind, liegt eine unlautere Behinderung des Mitbewerbers erst dann vor, wenn auf Kunden, die bereits dem Wettbewerber zuzurechnen sind, in unangemessener Weise eingewirkt wird, um sie als eigene Kunden zu gewinnen oder zu erhalten. Das ist insbesondere der Fall, wenn sich der Abfangende zwischen den Mitbewerber und dessen Kunden stellt, um diesem eine Änderung seines Entschlusses aufzudrängen, die Leistung des Mitbewerbers in Anspruch zu nehmen.

Beispiel: Um von der großen Zahl der Aufrufe auf der Internetseite „wetteronline.de" zu profitieren, registriert ein Dritter den Domainnamen „wetteronlin.de" und schaltet dort Werbung. Gelangen nun Internetnutzer wegen eines Tippfehlers auf diese Seite, liegt ein Verstoß vor, wenn der Nutzer nicht sogleich und unübersehbar auf den Umstand hingewiesen wird, dass er sich nicht auf der Seite „wetteronline.de" befindet (BGH, 22.1.2014, I ZR 164/12, GRUR 2014, 393).

Zulässig ist es hingegen, wenn ein Unternehmen im eigenen Laden damit wirbt, auch die 10%-Rabatt-Coupons eines Mitbewerbers einzulösen. Denn dem Unternehmen steht es frei, sich besonders um diejenigen Kunden zu bemühen, die von ihren Mitbewerbern mit Gutscheinen u.ä. umworben werden. Dass sich das Unternehmen den Druck und die Verteilung eigener Gutscheine erspart, ändert hieran nichts. (BGH, 23.6.2016, I ZR 137/15, GRUR 2017, 92).

Weitere Fallgruppen sind die Behinderung der Kennzeichenverwendung und Betriebsstörungen. Bei Vorliegen besonderer Umstände können auch Preisunterbietungen gegen § 4 Nr. 4 UWG verstoßen.

6. § 4a UWG – Aggressive geschäftliche Handlungen (§ 4 Nr. 1 und 2 UWG a.F.)

Nach § 4a Abs. 1 UWG handelt unlauter, wer eine aggressive geschäftliche Handlung vornimmt, die geeignet ist, den Marktteilnehmer zu einer geschäftlichen Entscheidung zu veranlassen, die er andernfalls nicht getroffen hätte.

a) Struktur

Nach dem Willen des Gesetzgebers soll der bisherige § 4 Nr. 1 und 2 UWG a.F. in dieser Regelung aufgehen, so dass auf die bisher ausgebildeten Fallgruppen zurückgegriffen werden kann. Als aggressiv gelten die Belästigung, Nötigung einschließlich Gewaltanwendung sowie die unzulässige Beeinflussung (Nr. 3). Letztere dürfte den Hauptanwendungsfall dieser Aufzählung darstellen und wird in § 4a Abs. 1 S. 3 UWG näher definiert. In Abs. 2 sind dann Gesichtspunkte aufgezählt, auf die bei der Feststellung der Aggressivität einer geschäftlichen Handlung abzustellen ist. Teile dieser Aufzählung entsprechen bereits etablierten Fallgruppen zum früheren UWG.

Zentrales Element der Vorschrift ist die Entscheidungsfreiheit des Verbrauchers, die sich in abgewandelten Zusammenhängen in § 4a Abs. 1 S. 1, 2 und 3 UWG findet. Letztlich geht es darum, ob die Rationalität der Nachfrageentscheidung auch bei einem verständigen Marktteilnehmer vollständig in den Hintergrund tritt.

Während § 7 UWG das Recht schützen soll, „in Ruhe gelassen" zu werden, geht es bei § 4a UWG um die freie und durch Belästigung unbeeinflusste Entscheidung des Verbrauchers. Der Schutz der wirtschaftlichen Interessen (§ 4a UWG) ergänzt damit den Schutz der Privatsphäre (§ 7 UWG).

Neben der „Ausübung von Druck" war nach § 4 Nr. 1 UWG a.F. auch die Beeinträchtigung der Entscheidungsfreiheit in menschenverachtender Weise und durch sonstigen unangemessenen unsachlichen Einfluss unlauter. Da mit dem UWG 2016 keine Änderung des materiellen Rechts einher gehen soll, sind diese Tatbestände weiter zu beachten. Menschenverachtende Werbung ist nun in der Generalklausel des § 3 Abs. 1 UWG zu verorten, während der sonstige unangemessene unsachliche Einfluss auch anhand § 4a UWG geprüft werden kann.

b) Unzulässige Beeinflussung

Eine unzulässige Beeinflussung i.S. einer aggressiven Geschäftspraxis liegt vor, wenn der Unternehmer eine Machtposition gegenüber dem Marktteilnehmer zur Ausübung von Druck in einer Weise ausnutzt, welche die Fähigkeit des Marktteilnehmers zu einer informierten Entscheidung wesentlich einschränkt. Der Ermittlung der Machtposition dürfte kaum Bedeutung zukommen, da diese stets dann gegeben ist, wenn der Unternehmer die Fähigkeit des Marktteilnehmers zu einer informierten Entscheidung wesentlich einschränken kann.

Ein Unternehmer übt Druck aus, wenn er den Marktteilnehmer in eine Zwangslage versetzt, in der eine vom freien Willen getragene Entscheidung verhindert wird. Typische Anwendungsfälle sind neben den in § 4a Abs. 2 UWG genannten Fallgruppen auch autoritärer, wirtschaftlicher und moralischer Druck.

Beispiele für eine rechtswidrige Drohung (§ 4a Abs. 2 Nr. 5 UWG):
Die Ansage des Verkaufsleiters bei einer Kaffeefahrt, die Heimreise erfolge erst, wenn 10 Schaffelldecken verkauft seien; wenn ein Vertreter sagt, die Wohnung des Interessenten erst dann zu verlassen, wenn dieser einen Vertrag unterschrieben habe; die Ankündigung, einen Reparaturservice einzustellen, falls ein bestimmtes Ersatzteilpaket nicht gekauft wird; ein Mobilfunkanbieter droht wegen Nichterfüllung einer umstrittenen Gebührenforderung eine Anschlusssperre an, obwohl die gesetzlichen Voraussetzungen für eine solche nicht vorliegen (OLG Frankfurt, 24.10.2019, 6 U 147/18, WRP 2020, 99).

Ein Fall der Ausübung autoritären Drucks liegt vor, wenn eine Autoritätsperson ihre berufliche, amtliche, politische oder gesellschaftliche Stellung missbraucht und so auf den Entscheidungsprozess einwirkt, dass die angesprochenen Personen davon ausgehen müssen, dass die Ablehnung der erwünschten geschäftlichen Entscheidung möglicherweise rechtliche, berufliche, schulische, wirtschaftliche, gesellschaftliche oder sonstige Nachteile mit sich bringen kann.

Beispiele: An Schüler gerichtete Werbung zum Sammeln von Wertpunkten, die über die Schule unter Einschaltung eines Lehrers beim Werbenden einzureichen sind, um für die Schule Prämien zu erlangen; „Patienteninformation" von Hausärzten, in welcher den Patienten ein Wechsel zu einer bestimmten Krankenkasse nahe gelegt wird und die mit dem Hinweis auf den Erhalt einer guten hausärztlichen Versorgung verbunden ist.

Wirtschaftlicher Druck liegt vor, wenn wirtschaftliche Macht dazu ausgenutzt wird, auf die geschäftliche Entscheidung Einfluss zu nehmen. Dabei ist allerdings zu bedenken, dass die Drohung mit der Nichtaufnahme, dem Abbruch und der Einschränkung geschäftlicher Beziehungen Gegenstand der (negativen) Vertragsfreiheit ist. Unlauterkeit ist daher erst dann gegeben, wenn mit anderen empfindlichen Nachteilen gedroht wird.

Beispiele: Die Ankündigung, bestehende Verträge zu brechen, den anderen bei Dritten anzuschwärzen, Vertragsdetails preiszugeben. Auch die Ankündigung, Waren des Lieferanten zu Tiefstpreisen anzubieten, um dessen Markenimage zu schädigen, gehört dazu.

Unlauter ist ebenfalls der Hinweis eines Unternehmens in einem Mahnschreiben an den Kunden auf eine bevorstehende Schufa-Meldung, wenn nicht deutlich wird, dass bereits das Bestreiten der Forderung ausreicht, um eine Übermittlung zu verhindern (BGH 19.3.2015, I ZR 157/13, WRP 2015, 1341).

Zulässig ist hingegen die Zahlungsaufforderung eines Inkassounternehmens, die auch die Androhung gerichtlicher Schritte und anschließende Vollstreckungsmaßnahmen in Aussicht stellt. Zwar habe das Inkassounternehmen eine Machtposition gegenüber dem Verbraucher und übe auf ihn Druck aus. Dieser beeinflusse aber die Entscheidungsfreiheit des Verbrauchers nicht in unzulässiger Weise, da der Verbraucher wisse, dass der Gläubiger erst die gerichtliche Durchsetzung der Forderung einleiten müsse und diese auch nicht zwangsläufig in einer Verurteilung zur Zahlung münde (BGH 22.03.2018, I ZR 25/17, GRUR 2018, 1063).

Moralischer Druck liegt vor, wenn ein direkter moralischer Appell zu einer geschäftlichen Entscheidung führen soll oder wenn für den Fall einer Ablehnung mit moralischen Vorwürfen zu rechnen ist. Wann der moralische Druck die Grenze zur Unlauterkeit erreicht, hängt ganz maßgeblich von den Umständen des Einzelfalls ab. Damit kommt es auch hier darauf an, ob sich der Durchschnittsverbraucher dem Druck entziehen kann oder ob die Rationalität der Nachfrageentscheidung vollständig in den Hintergrund tritt. Das ist beim bloßen Appell an die Hilfsbereitschaft und Solidarität noch nicht der Fall.

Beispiele (§ 4a Abs. 2 Nr. 2 UWG): Demgegenüber ist es unlauter, auf einer Kaffeefahrt den kaufunwilligen Teilnehmern vorzuwerfen, sie würden auf Kosten der anderen, die mit ihrem Kauf einen Beitrag zur Deckung der Unkosten leisteten, „schmarotzen".

Ebenfalls wegen moralischen Drucks unlauter ist die Veranstaltung eines Kindergarten-Malwettbewerbs durch einen Spielzeughersteller, bei dem die Geschenke dem Kindergarten zugutekommen. Denn die Eltern werden dadurch gezwungen, ihre Kinder teilnehmen zu lassen, um sich nicht dem Vorwurf mangelnder Hilfsbereitschaft auszusetzen. Wenn sich die Kinder dann intensiv mit den Spielzeugen des Herstellers beschäftigen müssen, um sie zu malen, werden sie ihre Eltern nachhaltig zum Kauf gerade dieser Figuren anregen (BGH, 3.11.1978, I ZR 90/77, GRUR 1979, 157).

Fehlt ein sachlicher Zusammenhang zwischen der beworbenen Ware und der Erweckung des Kaufinteresses aus sozialer Verantwortung, führt dies nicht zur Unlauterkeit (anders die frühere Rechtsprechung). Es besteht keine Verpflichtung des Unternehmens, das ein Absatzgeschäft mit einem sozialen oder ökologischen Engagement verknüpft, über die Art und Weise der Unterstützung und deren Wert aufzuklären.

Beispiele: Brauerei B wirbt damit, beim Kauf eines Kastens Bier mit der Unterstützung des WWF einen Quadratmeter Regenwald nachhaltig zu schützen. Ein Verband fordert, dass der Gefahr der Täuschung über den tatsächlichen Wert des Angebots mit einer erhöhten Transparenz zu begegnen sei. Besteht hier eine erhöhte Informationspflicht?

Gegen eine Verpflichtung zur erhöhten Transparenz spricht, dass sich der Gesetzgeber im Rahmen der UWG-Reform ausdrücklich gegen ein allgemeines Transparenzgebot entschieden hat. Er hat vielmehr in § 5a Abs. 2 UWG anerkannt, dass das Verschweigen einer Tatsache irreführend sein kann. Das ist insbesondere dann der Fall, wenn der verschwiegenen Tatsache nach der Verkehrsauffassung eine besondere Bedeutung zukommt, so dass das Verschweigen geeignet ist, das Publikum in relevanter Weise irrezuführen, also seine Entschließung zu beeinflussen. Allein daraus, dass der Kunde mit dem Erwerb des Biers die angekündigte umweltpolitische Leistung an den WWF unterstützt, also mit dem Unternehmen „an einem Strang zieht", folgt daher nicht zwingend, dass er im Rahmen der Werbung über die Details aufgeklärt werden muss, wie der versprochene Schutz des Regenwalds erreicht werden soll. Andererseits spricht die Zielsetzung der UGP-Richtlinie, eine „informierte Entscheidung" zu ermöglichen, für erhöhte Anforderungen an die Transparenz. Nur dann, wenn der Werbende angibt, wie viel er wann, wie lange und für welchen genauen Zweck spendet, lässt sich überprüfen, ob die Zuwendung wirklich erbracht wurde. Zudem erscheint es befremdlich, wenn derjenige, der mit einem starken Argument wirbt, dem Umworbenen die mühevolle Informationsbeschaffung auferlegt, während der Werbende selbst ohne weiteres in der Lage ist, die relevanten Informationen zur Verfügung zu stellen (a.A. und eine Verpflichtung zur erhöhten Transparenz ablehnend BGH, 26.10.2006, I ZR 97/04, GRUR 2007, 251 – Regenwaldprojekt II). Weitere Ausführungen finden sich bei § 5 UWG, dem Irreführungsverbot.

c) Weitere Fallgruppen

Ebenfalls anhand § 4a UWG zu prüfen sind die Fälle übertriebenen Anlockens. In Betracht kommen dabei v.a. kurzfristige Ankündigungen besonderer Vorteile, die nur eine kurze Zeit in Anspruch genommen werden können (§ 4a Abs. 2 Nr. 1 UWG).

Auch hier ist darauf abzustellen, ob die Rationalität der Nachfrageentscheidung vollständig in den Hintergrund tritt (dann unlauter).

Beispiel: Eine Werbeanzeige mit „Nur heute: Haushaltsgroßgeräte OHNE 19% Mehrwertsteuer!".

Eine derartige Befristung einer Rabattaktion könnte unlauter sein, wenn der Verbraucher vor der Nachfrageentscheidung keine ausreichende Möglichkeit eines Preisvergleichs hat. Welcher Zeitraum für einen Vergleich erforderlich ist, hängt dann maßgeblich von der beworbenen Ware und dem Kaufpreis ab. Bewegt sich der Kaufpreis wie bei den hier beworbenen Haushaltsgroßgeräten im drei- und vierstelligen Bereich, könnte der Verbraucher ein Interesse daran haben, den Preis und die Technik der beworbenen Ware mit anderen Produkten zu vergleichen. Dann ließe sich vertreten, dass ein Zeitraum von wenigen Stunden, wie er Berufstätigen nur zur Verfügung steht, nicht ausreicht.

Demgegenüber lässt sich aber bezweifeln, dass dieses kurzfristige Angebot den Verbraucher zu unüberlegten Kaufentschlüssen veranlasst. Zum einen besteht die Möglichkeit, sich einen Marktüberblick über das Internet zu verschaffen, welches bei Standardprodukten i.d.R. einen schnellen Preisvergleich ermöglicht. Zum anderen entschließen sich Verbraucher auch sonst häufig zu einem Spontankauf, ohne einen vollständigen Preisvergleich anzustellen. Das Risiko, sich ein günstigeres Angebot entgehen zu lassen, geht ein Verbraucher dann bewusst und freiwillig ein. Daran ändert auch die Tatsache nichts, dass bei teuren Artikeln eine solche Rabattaktion besonders lukrativ erscheint: Denn wenn der Kauf eine beträchtliche Investition darstellt, wird der Verbraucher erfahrungsgemäß nur nach reiflicher Überlegung von einem solchen Angebot Gebrauch machen. Folglich ist die Anlockwirkung hier nicht so hoch, dass die Rationalität der Nachfrageentscheidung in den Hintergrund tritt (so auch BGH, 31.03.2010, I ZR 75/08, GRUR 2010, 1022).

Bei Kopplungsangeboten, d.h. der Zusammenfassung mehrerer Waren oder Leistungen zu einem Gesamtangebot, ist die Schwelle zur Unlauterkeit erreicht, wenn sie die Rationalität der Nachfrageentscheidung vollständig in den Hintergrund treten lassen. Das kann geschehen, wenn nur wenig Zeit zur Prüfung des Angebots besteht bzw. wenn die Zugabe von der Überteuerung der Hauptware ablenken soll. Angesichts der Irreführungsrelevanz täuschender Angaben ist stets auch an §§ 5, 5a UWG zu denken.

Die Laienwerbung, also der Einsatz von Privatleuten als Kundenwerber gegen eine Werbeprämie, ist auch an § 4a UWG zu messen (bzw. an § 3 Abs. 2 UWG). Die Gefahren, die von der Laienwerbung ausgehen, sind offensichtlich: Entscheidungen werden ggf. aufgrund persönlicher Beziehungen getroffen, nicht aber aufgrund der Preiswürdigkeit der Ware; der Werber verschweigt sein Prämieninteresse und lässt seine Empfehlung als uneigennützigen Rat erscheinen; sachlich unzureichende Beratung; Einsatz unsachlicher Mittel zur Prämienerlangung. Trotz dieser Gefahren ist der Einsatz von Laienwerbern grundsätzlich zulässig.

Unlauter ist der Einsatz nur dann, wenn der Unternehmer fordert, weiß oder damit rechnen muss, dass der Laienwerber zu Methoden greift, welche berufsmäßigen Werbern verboten sind. Dabei sind auch die Grenzen der § 7 UWG (Belästigung) und §§ 5, 5a UWG (Irreführung) zu beachten.

Beispiel: Wenn der Unternehmer konkrete Anweisungen gibt, wie die persönlichen Beziehungen als Hebel zu Verkaufsförderungen eingesetzt werden können, etwa den Laienwerber, der sich v.a. an Freunde, Kollegen, Verwandte, Nachbarn, Trauzeugen, Lehrer etc. wenden soll, anzuhalten, bei den Werbegesprächen seiner „Begeisterung über das Produkt Ausdruck zu verleihen" und „mit Begeisterung von den hervorragenden Ergebnissen (zu) berichten", die er „mit den Produkten erzielt".

d) § 4a Abs. 2 S. 2 UWG – Ausnutzen bestimmter Schwächen

Diese Vorschrift stellt i.V.m. § 4a Abs. 2 S. 1 Nr. 3 UWG klar, dass das bewusste Ausnutzen von bestehenden Einschränkungen der Entscheidungsfähigkeit der angesprochenen Verbraucher wie geistige oder körperliche Gebrechen, das Alter, die geschäftliche Unerfahrenheit, die Leichtgläubigkeit, die Angst oder die Zwangslage von Verbrauchern als aggressive geschäftliche Handlung zu sehen ist.

Insoweit entspricht die Vorschrift dem § 4 Nr. 2 UWG a.F.

Die Vorschrift soll damit sicherstellen, dass der Unternehmer bestehende Einschränkungen der Entscheidungsfähigkeit nicht für eigene oder fremde Zwecke ausnutzt. Insbesondere bei Kindern ist diese Gefahr hoch, da sie häufig nicht in der Lage sind, Angebote ausreichend kritisch zu beurteilen; zudem erliegen sie aufgrund ihrer geringeren Lebenserfahrung den Risiken und Verlockungen der Werbung eher als Erwachsene.

Um die Besonderheiten der schutzbedürftigen Gruppen zu berücksichtigen, ist (letztlich wie bei § 3 Abs. 4 UWG) zu ermitteln, an wen sich eine geschäftliche Handlung richtet. Dabei genügt es, wenn sich die Werbung gezielt *auch* an eine schutzbedürftige Verbrauchergruppe richtet.

Unschädlich ist es, wenn eine Werbeanzeige auch in anderen Medien, die sich an andere Personen richtet, veröffentlicht wird.

Für die Beurteilung, an wen sich eine geschäftliche Handlung richtet, sind alle Umstände des Einzelfalls heranzuziehen, wie etwa die Gestaltung, das Umfeld und die Art des beworbenen Produkts bzw. der beworbenen Zugabe.

Beispiel: So spricht es für eine an Minderjährige gerichtete Werbung, wenn der Leser mit „du" angesprochen wird, wenn mit Personen geworben wird, die gerade bei Kindern beliebt sind und bei der Veröffentlichung der Werbung in einer Jugendzeitung. Auch das Umfeld ist heranzuziehen, zum einen räumlich, z.B. bei Werbung in einer Schule, zum anderen zeitlich, z.B. bei Fernsehwerbung im Programm einer Kindersendung. Auch das Bewerben von Spielsachen spricht für eine an Minderjährige gerichtete Werbung, ebenso wenn Spielsachen als Zugabe in Aussicht gestellt werden.

Unerheblich ist es, wer am Ende Vertragspartner werden soll, d.h. eine geschäftliche Handlung kann sich auch dann an Minderjährige richten, wenn die beworbenen Produkte typischerweise von den Eltern für die Kinder erworben werden.

Beispiel: Das Bewerben einer kostenpflichtigen Hotline, bei welcher über neue Spielsachen informiert wird, richtet sich an Minderjährige, auch wenn die Telefonrechnung (zumindest des Festnetzanschlusses) die Eltern bezahlen. Auch bei Lebensmitteln, die typischerweise von Kindern konsumiert, aber von den Eltern gekauft werden (z.B. Cornflakes) kann sich die Werbung gezielt an die Minderjährigen richten.

Ein „Ausnutzen" liegt vor, wenn der Handelnde die besonderen, die Schutzbedürftigkeit begründenden Umstände kennt und sich zu Nutze macht. Dafür reicht es aus, dass die Handlung in einer für den Unternehmer vernünftigerweise vorhersehbaren Art und Weise das wirtschaftliche Verhalten der angesprochenen Personen wesentlich beeinflusst.

aa) Unmittelbare Kaufaufforderung an Kinder nach Nr. 28 der „Schwarzen Liste"

Stets unzulässig ist gem. Nr. 28 der „Schwarzen Liste" i.V.m. § 3 Abs. 3 UWG die in eine Werbung einbezogene unmittelbare Aufforderung an Kinder, selbst die beworbene Ware zu erwerben oder ihre Eltern oder andere Erwachsene dazu zu veranlassen.
Die Schwierigkeiten beginnen hier bereits bei der Frage, wer von dem Begriff „Kinder" erfasst sein soll. Eine allgemeingültige Definition des Begriffs existiert nicht. Nach überwiegender Auffassung sind Kinder Personen, die noch nicht 14 Jahre alt sind.

Auch die „unmittelbare Aufforderung, die Ware zu erwerben" ist inhaltlich nicht näher bestimmt. Ohne weiteres fallen imperativische Ansprachen hierunter.

Beispiele: „Kauf' dir das neue Heft der [Kinderzeitschrift]!", „Das neue [Spielzeug] – jetzt zuschlagen", „Nicht länger zögern".

Aber auch sonstige unmittelbare Ansprachen können den Tatbestand erfüllen.

Beispiel: „Liebe Kinder, die neuen [Spielfiguren] gibt es nur noch diese Woche".

Beispiel: Auf der Internetseite eines Computerspiels findet sich die Aufforderung „Schnapp Dir die günstige Gelegenheit und verpasse deiner Rüstung das gewisse Etwas". Nach dem BGH ist dies auch dann „unmittelbar", wenn sich nach dem Klick auf den Link eine neue Internetseite öffnet, auf der diverse Zusatzprodukte zum Kauf angeboten werden (BGH, 17.7.2013, I ZR 34/12, GRUR 2014, 298).

Es kommt also darauf an, dass die Werbung die Kinder als solche anspricht und einen Kaufappell an sie richtet. Das ist wohl noch nicht der Fall, wenn eine Abbildung Kinder bei Kaufhandlungen zeigt. An einem Kaufappell fehlt es ebenfalls bei reiner Image-Werbung und beim Platzieren von kinderrelevanten Produkten in unmittelbarer Nähe zur Kasse im Supermarkt (sog. „Quengelware"). Auch eine allgemein auf das gesamte Warensortiment gerichtete Kaufaufforderung soll nicht genügen.

Beispiel: Ein Kaufappell i.S.d. Nr. 28 liegt nicht vor, wenn ein Elektronikhändler mit einer Aktion wirbt, bei der Schüler eine Kaufpreisermäßigung von zwei Euro für jede „Eins" im Zeugnis erhalten (BGH 3.4.2014, I ZR 96/13, WRP 2014, 1301).

Dass es auch hier nicht darauf ankommt, wer am Ende Vertragspartner werden soll, zeigen die beiden Alternative der Nr. 28:
Neben dem Kaufappell, die Ware selbst zu erwerben (Alt. 1)
genügt es, die Eltern oder andere Erwachsene dazu zu veranlassen (Alt. 2). An Alt. 2 werden indes rechtspolitische Zweifel
geäußert, schützt die Vorschrift doch die Eltern vor ihrem Kind und
nicht das Kind vor dem werbenden Unternehmer.

Zwar ist die Widerstandsfähigkeit der Eltern gegen erklärte Wünsche von
Kindern typischerweise geringer als gegenüber der einfachen Werbung.
Es wird aber zu Recht gefragt, wie man von vernünftigen Eltern erwarten
soll, ihre Kinder zu besonnenen Verbrauchern zu erziehen – wozu auch
die Eingrenzung der Kauflust gehört – wenn man ihnen die Fähigkeit ab-
spricht, trotz des Drängens der Kinder für sich selbst rationale Entscheidungen zu treffen.

bb) Ausnutzen des Alters und der geschäftlichen Uner-
fahrenheit

Die geschäftliche Unerfahrenheit wird ausgenutzt, wenn durchschnittlich erfahrene Minderjährige das Angebot in ihrer Tragweite
nicht hinreichend kritisch beurteilen können, insbesondere im
Hinblick auf die wirtschaftliche Bedeutung, die Preiswürdigkeit und
die finanziellen Belastungen. Auch wenn Minderjährige von vornherein als geschäftlich unerfahren gelten, ist stets auf alle
Umstände des Einzelfalls abzustellen, bei denen das Alter der
angesprochenen Personen ebenso zu berücksichtigen ist wie das
beworbene Produkt. Daher ist bei Waren des täglichen Bedarfs,
welche die Minderjährigen hinsichtlich Nutzen und Wert beurteilen
können, insoweit kein Ausnutzen der Unerfahrenheit gegeben.

Beispiel: Kauf von Gegenständen, welche typischerweise mit dem
Taschengeld bezahlt werden wie Zeitschriften und Lebensmittel; Inanspruchnahme von Dienstleistungen wie der Besuch von Kinos oder Sport-
veranstaltungen.

Die geschäftliche Unerfahrenheit wird in den Fällen ausgenutzt,
wenn das angestrebte Geschäft für den Minderjährigen nicht
sinnvoll, nicht wirtschaftlich oder nicht überschaubar ist. Ein
Geschäft ist nicht sinnvoll, wenn der Minderjährige zum Kauf über
Bedarf veranlasst wird, um in den Genuss einer Zugabe zu
kommen.

Bei der Beurteilung kommt es auf die Umstände des Einzelfalls an, z.B. auf Art und Preis des Produkts, Dauer der Aktion, Attraktivität des Vorteils.

An der Wirtschaftlichkeit des Geschäfts fehlt es, wenn ein Produkt zu einem wesentlich höheren als dem Marktpreis angeboten wird, also überteuert ist. Ein Geschäft ist nicht mehr überschaubar, wenn der Minderjährige die damit verbundenen finanziellen Belastungen und Risiken nicht klar erkennen und beurteilen kann.

Beispiel: Klingeltonanbieter J bewirbt in einer Jugendzeitschrift sein Klingeltonangebot mit „Der neuste Klingelton – einfach Runterladen durch Anruf bei 0190-123456 (1,86 Euro pro Minute)".
Diese Werbung verstößt gegen § 4a Abs. 1 und 2 Nr. 3 UWG, da der Leser lediglich weiß, dass der Minutenpreis 1,86 Euro beträgt, nicht aber, wie lange der Downloadvorgang dauert und welche Kosten tatsächlich entstehen. Zudem werden die tatsächlichen Kosten erst mit erheblicher zeitlicher Verzögerung dem Minderjährigen durch die Telefonrechnung bekannt.
Schließlich neigen Minderjährige häufiger zu spontanen Entschlüssen und sind weniger in der Lage, das Angebot in Bezug auf Bedarf, Preiswürdigkeit und finanzielle Folgen zu bewerten.

Auch Maßnahmen im Vorfeld von konkreten Verkaufsförderungsmaßnahmen können der Vorschrift unterfallen, etwa wenn Daten von Kindern und Jugendlichen zu Werbezwecken erhoben werden.

Beispiel: So hat der BGH bestätigt, dass Jugendliche im Alter zwischen 15 und 17 Jahren noch nicht die nötige Reife besitzen, die Tragweite einer Einwilligungserklärung zur Datenspeicherung und Datenverwendung zu Werbezwecken abzusehen (BGH, 22.1.2014, I ZR 218/12, GRUR 2014, 1301).

cc) Ausnutzen einer Zwangslage (§ 4a Abs. 2 Nr. 3 UWG)

Die Fähigkeit zu einer rationalen Entscheidung kann auch durch eine Zwangslage beeinträchtigt sein.

Eine Zwangslage liegt vor, wenn durch wirtschaftliche Bedrängnis oder Umstände anderer Art ein zwingendes Bedürfnis nach einer Ware oder Dienstleistung besteht.

Beispiel: So wird das Ansprechen von Unfallbeteiligten am Unfallort mit dem Ziel eines Vertragsabschlusses (Abschleppen, Ersatzfahrzeug, Reparatur) als unlauter angesehen. Denn es besteht die Gefahr der Überrumpelung, so dass der Verbraucher nicht frei hinsichtlich des „ob" einer gewerblichen oder nicht gewerblichen Hilfe entscheiden und auch keine Auswahlentscheidung treffen kann (zudem ergibt sich die Unzulässigkeit aus § 7 Abs. 1 S. 1 UWG). Zulässig ist es hingegen, in angemessener Entfernung zu warten und dem Geschädigten selbst die Initiative zu überlassen.

IV. Anwendung der Generalklausel in § 3 Abs. 1 und 2 UWG:

Außerhalb der Beispieltatbestände ist auf die Generalklauseln in § 3 Abs. 1 UWG (geschäftliche Handlungen gegenüber Nicht-Verbrauchern) und § 3 Abs. 2 UWG (geschäftliche Handlungen gegenüber Verbrauchern) abzustellen. Während Abs. 2 ausdrücklich ein Spürbarkeitserfordernis enthält, ist es für Abs. 1 der Rechtsprechung überlassen, ein solches aufzustellen.

Beispielhaft sollen drei Fallgruppen vorgestellt werden, die an den Generalklauseln zu messen sind.

1. Menschenverachtende geschäftliche Handlungen

Nach § 4 Nr. 1 UWG a.F. war es unlauter, geschäftliche Handlungen vorzunehmen, die geeignet sind, die Entscheidungsfreiheit der Marktteilnehmer in menschenverachtender Weise zu beeinträchtigen. Mit dem Wegfall dieser Regelung sind diese Fälle nun an den Generalklauseln zu messen.

Von einer menschenverachtenden Weise der Einflussnahme ist dann auszugehen, wenn dem Betroffenen der Achtungsanspruch als Mensch abgesprochen wird, etwa durch Erniedrigung, Brandmarkung oder Ächtung. Die Gesetzesfassung machte deutlich, dass allein die Verletzung der Menschenwürde i.S.d. Art. 1 GG nicht zur Unlauterkeit führt, sondern der menschenverachtende Charakter dazu geeignet sein muss, die Entscheidungsfreiheit zu beeinträchtigen.

Beispiel: Die Bezeichnung des Inhalts kleiner Likörflaschen mit „Schlüpferstürmer" bzw. „Busengrapscher" und einer Abbildung anzüglicher Motive hat das Kammergericht mit der Begründung gebilligt, es handle sich wohl um primitiven und unkultivierten Humor, es komme aber nicht ernstlich in Betracht, dass der Verkehr davon ausgehe, dem

Likör komme tatsächlich wundersame sexuelle Wirkkraft zu. Der BGH hob das Urteil mit der Begründung auf, der Verkehr werde die Etikettierung so verstehen, dass der Likör zumindest auch als Mittel der Überwindung sexueller Widerstände dient und zwar durch Weckung des Gedankens der Enthemmung nicht allein der Frau, sondern auch des Mannes, um ihm entsprechend Mut zu machen (BGH, 18.05.1995, I ZR 91/93, GRUR 1995, 592 – zweifelhaft, ob heute auch so entschieden würde). Neben den Fällen der Herabwürdigung zum bloßen Sexualobjekt kommen als weitere Fälle Werbungen zu Lasten Ausländer oder Behinderter in Betracht und solche, die gewaltverherrlichend oder ethisch bzw. religiös diskriminierend sind.

Sexuelle Anspielungen in der Werbung allein genügen nicht, da die Fallgruppe nicht dazu dient, bloß geschmacklose Werbung als unlauter zu werten.

Weitere Beispiele, die das Thema Menschenwürde betreffen, finden sich unter „Schockwerbung".

2. „Schockwerbung"

Die unter dem Begriff der „Schockwerbung" bekannt gewordenen Fälle der Werbung mit drastischen Bildern, welche die Folgen von Umweltkatastrophen („ölverschmutze Ente"), Kriegen („bosnischer Soldat") und gesellschaftlichen Entwicklungen („H.I.V. Positive") zeigen, werden auch unter dem Aspekt der unangemessenen unsachlichen Beeinflussung diskutiert. Da aber auch Wirtschaftswerbung den Schutz des Grundrechts auf Meinungsfreiheit gem. Art. 5 Abs. 1 GG beanspruchen kann, kann das Verbot einer solchen Werbung nur durch hinreichend gewichtige Gemeinwohlbelange oder schutzwürdige Rechte und Interessen Dritter gerechtfertigt werden. Das BVerfG hat dazu festgestellt, dass „ein vom Elend der Welt unbeschwertes Gemüt" kein Belang zur Einschränkung von Grundrechten ist.

Beispiel: Ob eine Werbeanzeige, die ein menschliches Gesäß zeigt, auf das die Worte „H.I.V. Positive" gestempelt sind, gegen die Menschenwürde verstößt, wurde vom BGH und BVerfG unterschiedlich beurteilt.

Nach dem BGH (06.07.1995, I ZR 180/94, GRUR 1995, 600) verstieß die Werbeanzeige „in grober Weise gegen die Grundsätze der Wahrung der Menschenwürde (...), indem sie den AIDS-Kranken als "abgestempelt" und damit als aus der menschlichen Gesellschaft ausgegrenzt darstellt".

Das BVerfG (12.12.2000, 1 BvR 1762/95, GRUR 2001, 170) stellte demgegenüber auf eine andere mögliche Auslegung der Werbeanzeige ab, nämlich die Deutung, dass auf einen kritikwürdigen Zustand – die Ausgrenzung H.I.V.-Infizierter – in anklagender Tendenz hingewiesen werden soll. In der Folge verneinte das BVerfG einen Verstoß gegen die Menschenwürde.

Daher lässt sich auch die Argumentation des BGH zur Werbung mit einer ölverschmutzten Ente nicht aufrechterhalten. Dieser hatte ausgeführt: „Die Werbung eines Unternehmens, welches mit der Darstellung schweren Leids der Kreatur auf sich aufmerksam macht, verstößt gegen die guten Sitten im Wettbewerb, weil sie das Gefühl des Mitleids des Verbrauchers anspricht, das werbende Unternehmen als gleichermaßen betroffen darstellt und damit eine Solidarisierung der Einstellung solchermaßen berührter Verbraucher mit dem Namen und zugleich mit der Geschäftstätigkeit dieses Unternehmens herbeiführt" (BGH, 06.07.1995, I ZR 239/93, GRUR 1995, 598).

3. Telefonische Mitarbeiterabwerbung

Die telefonische Mitarbeiterwerbung fand sich auch im UWG bis 2015 nicht in den Beispieltatbeständen und ist nach Auffassung des BGH (9.2.2006, I ZR 73/02, GRUR 2006, 426) auf Grundlage der Generalklausel des § 3 Abs. 1 UWG zu beurteilen. Denn nur so sei bei der Entscheidung über die Zulässigkeit eine Abwägung der rechtlich geschützten Interessen aller Beteiligten möglich. Den ebenfalls einschlägig scheinenden § 4 Nr. 4 und § 7 Abs. 2 Nr. 2 UWG schenkt der BGH im Rahmen der Abwägung Beachtung, so dass sie dort als „Richtlinien" mit herangezogen werden können.

Bei der Abwägung kommt es auf die Umstände des Einzelfalls an, wobei die Interessen der Beteiligten gegeneinander abzuwägen sind. Dies sind das betroffene Unternehmen, der angesprochene Arbeitnehmer und das Arbeitskräfte suchende Unternehmen sowie der in seinem Auftrag handelnden Personalberater.

Nach Auffassung des BGH ist es grundsätzlich zulässig, wenn der Mitarbeiter eines Unternehmens zum Zweck der Abwerbung erstmals mit einem kurzen Telefonanruf am Arbeitsplatz angesprochen wird. Dieser darf jedoch lediglich die Kontaktaufnahme beinhalten, aber nicht in ein Umwerben des Arbeitnehmers übergehen.

Beispiele: So ist es zulässig, wenn der Anrufer – nach dem der Angerufene Interesse an einer Kontaktaufnahme als solcher bekundet hat – die Stelle beschreibt. Thematisiert der Personalberater hingegen bereits den beruflichen Werdegang des Mitarbeiters, liegt ein unzulässiges Umwerben vor.

Diese Grundsätze gelten auch, wenn der Anrufer auf der privaten Mobilnummer des Mitarbeiters anruft, während dieser sich am Arbeitsplatz befindet. Dies ist zur Vermeidung wettbewerbswidrigen Verhaltens zu Beginn des Gesprächs zu erfragen. Auf das in früheren Entscheidungen herangezogene Argument der Inanspruchnahme der technischen Infrastruktur des Arbeitgebers kommt es damit nicht mehr an (OLG Frankfurt, 9.8.2018. 6 U 51/18, WRP 2018, 1497).

Stets unlauter ist es, wenn der Personalberater das Gespräch fortsetzt, obwohl der Angerufene zu erkennen gegeben hat, dass kein Interesse an einem Arbeitsplatzwechsel bzw. einem Gespräch hierüber zu diesem Zeitpunkt besteht.

V. Irreführungsverbot gem. §§ 5, 5a UWG

Äußerst praxis- und prüfungsrelevant ist das Irreführungsverbot der §§ 5, 5a UWG.

Nach § 5 Abs. 1 S. 1 UWG handelt unlauter, wer eine irreführende geschäftliche Handlung vornimmt, die geeignet ist, den Verbraucher oder sonstigen Marktteilnehmer zu einer geschäftlichen Entscheidung zu veranlassen, die er andernfalls nicht getroffen hätte. Dabei sind nicht nur unwahre Angaben unlauter, sondern auch solche, die zwar wahr, aber zur Täuschung geeignet sind.

Die häufig anzutreffende Bezeichnung von § 5 Abs. 1 S. 1 UWG als „kleine Generalklausel" ist indes unzutreffend. Die Vorschrift stellt nur die Verknüpfung von Irreführung und Unlauterkeit her; ihr verbleibt aber neben den Regeltatbeständen des Abs. 1 S. 2 und der folgenden Absätze keinerlei eigener Anwendungsbereich.

Sodann enthält § 5 Abs. 1 S. 2 UWG einen Katalog derjenigen Umstände, die als Gegenstand einer Irreführung die Unlauterkeit begründen können.

§ 6 Abs. 2 UWG enthält Kriterien, unter denen eine vergleichende Werbung unlauter ist. Dabei handelt es sich z.T. um gesondert geregelte Fälle des irreführenden Verhaltens.

1. Grundbegriffe

Angaben i.S.v. § 5 UWG sind Aussagen eines Unternehmens, die sich auf Tatsachen beziehen und daher inhaltlich nachprüfbar sind. Sie müssen ein Mindestmaß an Information enthalten.

Beispiel: Stellenanzeigen, welche die angebotenen Arbeitsplätze kennzeichnen, können zugleich Werbeangaben über die Güte der Waren des Unternehmens aufweisen.

Abzugrenzen sind Angaben von nichtssagenden Anpreisungen, also solchen, denen der Informationsgehalt fehlt.

Beispiel: Reklamehafte Werbesprüche wie „den und keinen anderen", „Kellogg's – Das Beste jeden Morgen" stellen keine Angaben dar.

Werturteile können Angaben enthalten, wenn sie erkennbar auf Tatsachen beruhen, sich also Richtigkeit oder Unrichtigkeit objektiv nachprüfen lässt.

Auf die Ausdrucksform einer Angabe kommt es nicht an. Eine Angabe kann mündlich oder schriftlich, durch Bild oder Ton, ausdrücklich oder konkludent gemacht werden, wie sich aus § 5 Abs. 3 UWG ergibt.

Beispiele: Das Aussehen einer Ware oder ihre Aufmachung kann eine Beschaffenheitsangabe oder Herkunftsangabe sein, z.B. bei einer Bocksbeutelflasche. In dem Hühnergegacker in einer Rundfunkwerbung kann die Angabe gesehen werden, dass Eier bei der Herstellung eines Produkts verwendet werden.

2. Irreführung

Ob eine Angabe zur Irreführung geeignet ist, hängt nicht vom objektiven Wortsinn ab oder davon, wie der Werbende seine Aussage selbst verstanden haben will. Vielmehr kommt es auf die Auffassung der Verkehrskreise, an welche sich die Werbung richtet, an.

Dass eine Angabe objektiv richtig, aber dennoch irreführend sein kann, ergibt sich bereits aus § 5 Abs. 1 S. 2 UWG, der von unwahren und sonstigen zur Täuschung geeigneten Angaben spricht.

Schwierigkeiten bereitet aber häufig die Frage, ob bereits die Eignung einer Angabe, nur einzelne Durchschnittsverbraucher irrezuführen für die Unlauterkeit genügt oder ob eine bestimmte Quote erreicht werden muss. Denn klar ist, dass nicht jede Irreführung bei einer an die breite Masse gerichteten Werbung vermieden werden kann. Zudem enthält ja bereits das Bild des Durchschnittsverbrauchers den Gedanken, dass der besonders unaufmerksame Verbraucher nicht schutzwürdig ist.

Welche Irreführungsquote, erforderlich ist, um eine Werbung als unlauter zu beanstanden, ist nicht abschließend geklärt. Als grobe Orientierung wird in der Literatur vorgeschlagen, dass erst die Eignung, einen Anteil von einem Viertel bis einem Drittel in die Irre zu führen, genügen soll.

Beispiel: So genügt es bei einer Werbung für Kapitalanlagen nicht, wenn sie geeignet ist, 10-15% aller angesprochenen Anlageinteressenten irrezuführen.

Stets sind aber die Umstände des Einzelfalls zu beachten, die zu einer Erhöhung oder Minderung der erforderlichen Quote führen können.

Beispiele: Wirbt ein Unternehmer blickfangmäßig mit einer falschen Herstellerpreisempfehlung, kann er sich gegenüber dem Vorwurf der Irreführung nicht damit verteidigen, die Unrichtigkeit der Angabe sei bei sorgfältiger Lektüre von einem Großteil der Verbraucher erkannt worden.

Ein Likörhersteller wirbt mit einer Brenntradition „seit 1848" (statt 1950); er kann sich nicht darauf berufen, für die Kaufentscheidung sei dies ohne Bedeutung.

Führen objektiv zutreffende Angaben zu einer Fehlvorstellung, weil sie vom Verkehr falsch verstanden werden, ist regelmäßig eine höhere Irreführungsquote erforderlich. Dies lässt sich mit einer Berücksichtigung der geringeren Schutzbedürftigkeit des Verkehrs und des Interesses des Werbenden an einer Übermittlung der zutreffenden Information begründen. Hier hat also eine Interessenabwägung stattzufinden, für die auch die Auswirkungen eines Verbots bedeutsam sind.

3. Prüfungsaufbau

Die Prüfung der Irreführung einer Angabe erfolgt in drei Schritten. Zunächst ist zu fragen, an welche Verkehrskreise sich die Werbung richtet; sodann ist das Verständnis dieser Verkehrskreise zu ermitteln. Anschließend ist zu prüfen, ob das Verständnis der angesprochenen Verkehrskreise mit den wirklichen Verhältnissen übereinstimmt.

**Prüfungsschema:
Irreführung gem. § 5 Abs. 1 UWG**

I. Angesprochene Verkehrskreise ermitteln.

II. Verständnis dieser Verkehrskreise feststellen.

III. Dieses Verständnis mit den wirklichen Verhältnissen vergleichen.

---

4. Fallgruppen irreführender Werbung nach § 5 Abs. 1 UWG

§ 5 Abs. 1 S. 2 UWG enthält einen Katalog von Umständen, die Gegenstand von Angaben sein können, die zur Täuschung geeignet sind. Unwahre Angaben sind stets irreführend, ohne dass es darauf ankommt, ob diese Aussagen über die aufgezählten Umstände enthalten.

Dies ergibt sich unmittelbar aus dem Gesetzestext: „… Handlung ist irreführend, wenn sie unwahre Angaben *enthält* oder sonstige zur Täuschung geeignete Angaben über folgende Umstände *enthält*". Die Zuordnung des Verbs „enthält" zu „unwahre Angaben" macht deutlich, dass die „Umstände" dafür keine Bedeutung haben.

Beispiel: Ein Mitarbeiter des Unternehmens gibt bei Werbeanrufen gegenüber den Angerufenen nicht seinen tatsächlichen, sondern einen fiktiven Namen an. Dies ist irreführend, denn insbesondere mit Blick auf die vertragliche Rechtsdurchsetzung kann es auf die Angaben des Mitarbeiters am Telefon und damit zu Beweiszwecken auf dessen wirklichen Namen ankommen (OLG Frankfurt, 16.5.2019, 6 U 3/19, WRP 2019, 1039).

Eine Irreführung kann auch darin liegen, dass mit einer Selbstverständlichkeit geworben wird. Dies ist jedenfalls dann unlauter, wenn Werbebehauptungen etwas Selbstverständliches in der Weise betonen, dass der Adressat der Werbung hierin einen besonderen Vorzug der beworbenen Ware oder Dienstleistung vermutet.

Recht streng mutet eine Entscheidung des OLG Bremen an, wonach die Verwendung von „Zulassung OLG, LG, AG Bremen" im Impressum einer Anwalts-Homepage den unzutreffenden Eindruck erwecke, der so werbende Rechtsanwalt sei zur Vertretung vor diesen Gerichten besser geeignet als ein auswärtiger Rechtsanwalt (OLG Bremen, 20.3.2013, 2 U 5/13).

a) Irreführung über wesentliche Merkmale

Unter den Umständen, über die eine Irreführung in Betracht kommt, sind die „wesentlichen Merkmale der Ware oder Dienstleistung" in der Praxis am verbreitetsten. Dieser Teil des § 5 UWG steht also zu Recht an der Spitze der Aufzählung.

Irreführende Angaben über die Verfügbarkeit bzw. den Warenvorrat sind in zweierlei Hinsicht geeignet, den Interessenten zu beeinflussen: Ein zu groß angegebener Vorrat spiegelt ggf. eine große Auswahl vor, die das Kaufen erleichtern kann; andererseits kann die Angabe eines untertriebenen Vorrats Interessenten dazu verleiten, sofort zu kaufen und auf einen Preisvergleich zu verzichten.

Beispiel: Unternehmer U preist seine Waren im Laden mit den Worten „nur noch Einzelstücke", „Restposten" an, obwohl er ein volles Lager hat. Demgegenüber ist „solange der Vorrat reicht" nicht zu beanstanden.

Die Beschaffenheit von Waren ist für den Käufer regelmäßig von großer Bedeutung. Entsprechend zahlreich sind die Versuche, den Käufer insoweit in die Irre zu führen.

Beispiele: In einem Prospekt wird ein wesentlich teurerer, hochwertigerer Drucker als tatsächlich angeboten abgebildet und mit dem Preis für ein anderes Modell versehen.
In einer Reisewerbung wird ein „reichhaltiges Mittagsmenü" versprochen, tatsächlich nur eine Konservendose mit Eintopf ausgehändigt.
Eine Ware wird mit einer DIN-Nummer versehen, obwohl sie nicht unter deren Beachtung hergestellt wurde.
Ein Gebrauchtfahrzeug wird im Internet als „1. Hand" angeboten, obwohl es zwar nur einen Halter hatte, dieser aber ein Mietwagenunternehmen ist, der das Fahrzeug an über 100 Kunden vermietet hatte.
Eine Anwaltskanzlei wirbt mit „Qualitätsmanagement – Wir sind zertifiziert nach ISO 9001:2000", obwohl es sich dabei, anders als der Verbraucher erwartet, nur um die Zertifizierung des Büro-Managements handelt.
Befinden sich auf der Verpackung eines Früchtetees Abbildungen von Himbeeren sowie die Hinweise "nur natürliche Zutaten" und "Früchtetee

mit natürlichen Aromen", obwohl der Tee keine Bestandteile oder Aromen von Himbeeren enthält, ist dies selbst dann irreführend, wenn die tatsächliche Zusammensetzung aus dem Zutatenverzeichnis („natürliches Aroma mit Himbeergeschmack") erkennen lässt (BGH, 2.12.2015, I ZR 45/13 nach Vorabentscheidungsersuchen an den EuGH).

Eine Brille, die sich nicht für den Straßenverkehr eignet, darf nicht mit „Premium-Gleitsichtgläser in Optiker-Qualität" beworben werden (BGH, 3.11.2016, I ZR 227/14, WRP 2017, 422).

Ein „wesentliches Merkmal" einer Ware ist auch der Ort, an dem sie hergestellt wurde.

Beispiel 1: So setzt die Werbung mit dem Slogan „Made in Germany" voraus, dass alle wesentlichen Fertigungsschritte des Produkts in Deutschland erfolgt sind bzw. dass zumindest der für die wertbestimmenden Eigenschaften maßgebliche Herstellungsvorgang in Deutschland erfolgt ist.

Beispiel 2: Eine Irreführung über die angeblich bayerische Herkunft liegt vor, wenn in Österreich hergestellte Bonbons mit einer bayerisch gestalteten Verpackung (Rautenmuster in Verbindung mit „Alpenbauer"-Schriftzug und Abbildung einer Bergkette) angeboten werden (OLG München, 15.2.2018, 29 U 1034/17).

Maßgeblich ist stets das Verständnis der angesprochenen Verkehrskreise. Da dies im Rahmen einer Prüfungssituation nicht ohne Weiteres sicher herleitbar ist, kommt es entscheidend auf die Güte der Argumentation an. Wie das aussehen kann, zeigt dieses

Beispiel: Es wurde darüber gestritten, wann eine Milch als „Weidemilch" bezeichnet werden darf, wenn auf der Rückseite der Milchpackung der Hinweis angebracht ist: „Bei diesem Produkt handelt es sich um 100% Weidemilch. Unsere Weidemilch stammt von Kühen, die mindestens 120 Tage im Jahr und davon mindestens 6 Stunden am Tag auf der Weide stehen". Der Kläger und ihm folgend das LG Amberg sahen in der Bezeichnung „Weidemilch" eine Irreführung, da es sich bei der Milch lediglich um ein Saisonprodukt handele, da an 240 Tagen im Jahr die Voraussetzung für eine Weidemilch nicht gegeben sei. Um ein Produkt als „Weidemilch" bezeichnen zu können, müsse die Milch von Kühen stammen, die sich am Tag der Melkung mindestens 6 Stunden auf der Weide befanden. Das OLG Nürnberg vertrat eine andere Auffassung: Der normal informierte und kritische Verbraucher gehe davon aus, dass eine „Weidemilch" von Kühen stamme, die jedenfalls im Rahmen der üblichen Weidesaison und Weidezeiten auf der Wiese grasen. Zudem sei der auf der Rückseite angebrachte Hinweis deutlich. Es sei davon auszugehen, dass Verbraucher, die ihre Kaufentscheidung von der Zusammensetzung der Erzeugnisse abhängig machen, vorher auch das Verzeichnis der Zutaten lesen. Ein solcher Verbraucher nehme dann auch den Weide-Hinweis wahr (OLG Nürnberg, 24.5.2017, 3 U 1537/16).

b) Irreführung über den Anlass des Verkaufs und den Preis

Ein weiteres wichtiges Kriterium für eine Kaufentscheidung ist der Preis. Angesichts der besonderen Beeinflussbarkeit mittels des Preisfaktors stellt das Gesetz strenge Anforderungen an den Grundsatz der Preiswahrheit und Preisklarheit. Detaillierte Regelungen finden sich in der PreisangabenVO, die hohe Anforderungen an die Preisklarheit stellt (vgl. § 1 Abs. 1 S. 1: „Endpreise").

Die Verstöße gegen § 5 Abs. 1 S. 2 Nr. 2 UWG sind vielfältig:

Beispiele: Eine Werbung, in der ein Räumungsverkauf wegen Geschäftsaufgabe angekündigt wird, ist irreführend, wenn tatsächlich keine Geschäftsaufgabe vorliegt. Denn der Durchschnittsverbraucher erwartet bei einem Räumungsverkauf besondere Vorteile.
Unternehmer U bewirbt in einem Prospekt einen Computer mit einer ausführlichen Beschreibung, die in ihrer letzten Zeile den Hinweis „Preis ohne Monitor" enthält. Dies kann irreführend sein, wenn neben dem Text ein PC mit Monitor abgebildet wird.
Brillenhändler Balu wirbt mit einer Geld-Zurück-Garantie: „Sehen Sie diese exklusive „Balu"-Brille woanders günstiger, erstatten wir Ihnen die Differenz". Diese Werbung ist irreführend, wenn die „Balu"-Brille ausschließlich bei diesem Brillenhändler erhältlich ist.

Auch übertriebene Aussagen können eine Sachinformation hinsichtlich des Preises enthalten.

Beispiele: Wer mit „radikal gesenkten Preisen", „Tiefpreisen", „Preisknüllern" etc. wirbt, muss auch tatsächlich preisgünstig anbieten. Der Durchschnittsverbraucher wird die Aussage zwar nicht dahin verstehen, dass es sich um den absolut billigsten Anbieter handelt, aber jedenfalls ein Angebot im unteren Preisniveau erwarten.
Wer mit „Höchstpreisen" (für den Goldankauf) wirbt, muss einen Preis im obersten Bereich bieten; ein „Top-Preis" hingegen setzt lediglich ein überdurchschnittlich gutes Angebot voraus (ausführlich zu dieser Abgrenzung OLG Köln, 19.6.2015, 6 U 173/14, WRP 2015, 988).

Bei Sonderangeboten sind die Voraussetzungen, die erfüllt sein müssen, dass ein Kunde die Vergünstigung erlangen kann, klar und eindeutig anzugeben. Die Angaben müssen nach Form und

Inhalt ausreichend wahrnehmbar (lesbar, hörbar) und verständlich sein.

Das ist dann nicht der Fall, wenn die Angaben so klein sind, dass sie von einem Durchschnittsleser nur mit einer Lupe erkannt werden können.

Bei Angaben im „Kleingedruckten" muss zumindest durch einen unmissverständlichen Hinweis („Sternchen") die klare Zuordnung der Angaben möglich sein.

Allerdings ist eine dreiste Lüge auch nicht mehr mit einem zusätzlichen Hinweis relativierbar.

Beispiel: Ein Möbelhändler wirbt mit „30% auf fast alles", wobei das „fast" deutlich kleiner und dünner gestaltet ist als der Rest. Dann ist es irreführend, wenn in einer Sprechblase ausgeführt wird, den Rabatt gebe es „auch für Polstermöbel, Wohnwände, Küchen [es folgen weitere Produktkategorien]... einfach auf fast alles" (so dass der Eindruck entsteht, nur die nicht genannten Produktkategorien sind ausgenommen), zugleich aber in einer Anmerkung angegeben wird, dass neben zahlreichen weiteren Einschränkungen (bereits reduzierte Waren, Angebote aus Prospekten und Anzeigen) Produkte von 40 namentlich genannten Herstellern vom Preisnachlass ausgenommen sind (OLG Köln 20.4.2018, 6 U 153/17, WRP 2018, 1000).

Wird eine Werbung erwartbar nur flüchtig wahrgenommen, wie bei einem TV-Spot, sind deutliche Warnsignale notwendig, wenn das Angebot nicht vorbehaltlos gilt.

Handelt es sich um eine Werbung im Internet, kann die entsprechende Information auch über einen Link erfolgen.
Lassen die Angaben auf der ersten Seite aber das Angebot als vollständig erscheinen, so dass der Leser keinen Anlass hat, nach weiteren Informationen zu suchen, reicht dies nicht aus.

Einige Beispiele sollen die Anforderungen an die Transparenz illustrieren.

Beispiel 1: Unternehmer U wirbt auf Plakaten mit „10 % Rabatt – außer Aktionsartikel". Zulässig?

Hier sind die Bedingungen der Inanspruchnahme des Rabatts intransparent, weil für den Interessenten gerade nicht klar ist, welche die Aktionsartikel sind, die von der Rabattaktion ausgeschlossen sind. Damit wird der Leser in den Laden gelockt, ohne zu wissen, für welche Waren der Rabatt gilt. Das gleiche gilt für „Werbeware", „Markenartikel" etc., es sei denn, das Plakat hängt (nur) direkt im Ladengeschäft und der Kunde kann ohne weiteres erkennen, welche Artikel vom Rabatt ausgenommen sind.

Beispiel 2: Der M-Markt wirbt in einer Zeitungsanzeige mit „Nur heute 26.03.2020 - Foto- und Videokameras ohne 19 % Mehrwertsteuer!* *Sparen Sie volle 19% vom Kaufpreis. Über 215mal in Deutschland. Alle Preise sind Abholpreise."

Konkurrent K hält die Werbung für unlauter, weil der M-Markt nicht darauf hinweist, dass das Angebot nur für vorhandene, nicht aber an dem Tag im Laden bestellte Artikel gilt.

Ob die Werbung gegen § 5 Abs. 1 S. 2 Nr. 2 UWG verstößt, hängt davon ab, ob der Durchschnittsverbraucher erkennen kann, dass der Preisnachlass nur für vorrätige Waren gilt, nicht aber für solche, die erst bestellt werden müssen. Dafür spricht, dass der hervorgehobene Hinweis „Nur heute 26.03.2020" verdeutlicht, dass es sich um eine kurzfristige, nur auf einen Tag beschränkte Aktion handelt. Sie erweckt damit beim Verbraucher den Eindruck, er habe gerade an diesem Tag, aber eben auch nur an diesem Tag eine besonders günstige Gelegenheit, eine Kamera zu erwerben, weshalb für ihn der Gedanke, er könne den Rabatt auch dann erhalten, wenn er an diesem Tag eine Kamera nur bestelle, die erst später geliefert werde, eher fernliegt, weil dadurch die Begrenzung der Aktion auf einen Tag aufgeweicht würde. Dazu kommt, dass es sich bei solchen Kameras um Artikel handelt, die typischerweise – anders als etwa PKW oder Möbel – beim Händler nicht erst bestellt und später geliefert werden, sondern im Ladengeschäft zur Mitnahme bereitstehen (so die Argumentation des OLG Karlsruhe, 9.5.2007, 6 U 52/07, GRUR-RR 2007, 363).

Geht man allerdings von einem anderen Verbraucherverständnis aus, etwa wenn es nicht unüblich ist, derartige Aktionen auch auf zu bestellende Waren zu erstrecken, kann es für den Verbraucher von großer Bedeutung sein, ob bestimmte Waren von dem in Aussicht gestellten Preisnachlass ausgenommen sind. Dann würde der Verbraucher ggf. den Weg zum Ladenlokal des Werbenden gar nicht erst antreten. Vor diesem Hintergrund müsste der Kunde über die Beschränkung des Angebots auf Vorratsware unmissverständlich informiert werden (so der BGH, 10.12.2009, I ZR 195/07, GRUR 2010, 649).
Die Güte der Argumentation dürfte in einer Prüfung mehr einbringen als das bloße Referieren des BGH-Ergebnisses.

Schließlich verbietet Nr. 21 der „Schwarzen Liste", eine Ware als „gratis" oder dergleichen anzupreisen, wenn tatsächlich Kosten dafür zu tragen sind. Das gilt sogar dann, wenn über diese Kosten aufgeklärt wird!

Nicht erforderlich ist es, jede in einem Schaufenster ausgestellte Ware mit einem Preis zu versehen (BGH, 10.11.2016, I ZR 29/15, WRP 2017, 296).

c) Irreführung über Eigenschaften des Unternehmers

Die Irreführung über geschäftliche Verhältnisse, die ausschließlich das Unternehmen selbst betreffen und nicht dessen Produkte, wird von § 5 Abs. 1 S. 2 Nr. 3 UWG erfasst. Insbesondere Fehlvorstellungen über die Identität, über Eigenschaft und Bedeutung, über Rechte geistigen Eigentums und v.a. über die Qualifikationen sollen verhindert werden.

Beispiele: Die Bezeichnung eines Druckereibetriebs als „Bundesdruckerei" ist irreführend, wenn der Bund (BRD) nicht Mehrheitsgesellschafter ist.
Irreführend ist auch die erfundene und auf einem Flyer verwendete Bezeichnung als „Diplom Tierpsychologe", weil diese Bezeichnung auf eine Qualifikation i.S.e. wissenschaftlichen Grades verweist, die es in diesem Bereich aber nicht gibt.
Der Durchschnittsverbraucher rechnet bei der Bezeichnung eines Flughafens mit „Chemnitz-Meuselwitz" nicht damit, dass er über 60 km bei einer Mindestfahrzeit von einer Stunde von Chemnitz entfernt ist; zudem kennen die meisten angesprochenen Kunden Meuselwitz nicht.
Unlauter ist es, eine Ware mit „patentamtlich geschützt" zu bewerben, wenn tatsächlich nur ein Gebrauchsmuster vorliegt, welches ungeprüft eingetragen wird.

d) Irreführung über Sponsoring

Der Schutz vor unzutreffenden Angaben im Zusammenhang mit dem Sponsoring z.B. von Sport- und Kulturveranstaltungen dient den Interessen des Verbrauchers, der dem Sponsor einen gewissen Sympathiebonus gewährt, aber auch den Sponsoren selbst, die ein Interesse daran haben, dass nicht andere Unternehmen wie „Trittbrettfahrer" von den positiven Auswirkungen der gesponserten Veranstaltung profitieren.

Beispiel: Sportartikelhersteller S wirbt damit, „offizieller Ausrüster der Deutschen Handball-Nationalmannschaft" zu sein, obwohl dies nicht der Fall ist.
Auch der Einsatz eines offiziellen Sponsorenlogos durch einen Dritten ist unlauter. Ist das Logo markenrechtlich geschützt, ist das Markenrecht gegenüber § 5 Abs. 1 S. 2 Nr. 4 UWG vorrangig.

e) Irreführung über Notwendigkeit einer Leistung

Durch § 5 Abs. 1 S. 2 Nr. 5 UWG sollen Marktteilnehmer vor einer Irreführung über die Notwendigkeit, eine unnötige Leistung in Anspruch zu nehmen, bewahrt werden. Auch wenn sich diese Fälle unter § 5 Abs. 1 S. 2 Nr. 1 UWG (Zubehör, Zwecktauglichkeit der Ware) fassen lassen, sollte aufgrund der speziellen Regelung durch den Gesetzgeber auch diese bei der Prüfung der Unlauterkeit herangezogen werden.

Beispiele: Der Betreiber einer Fahrradwerkstatt behauptet wahrheitswidrig, das Zentrieren der Laufräder reiche nicht aus, diese müssten komplett gewechselt werden.
Ein Haushaltsgerätehändler behauptet unzutreffend, die Reparatur einer Waschmaschine sei zwar möglich, aber im Vergleich zur Neuanschaffung wirtschaftlich nicht sinnvoll.

f) Irreführung über Einhaltung eines Verhaltenskodexes

Aus § 5 Abs. 1 S. 2 Nr. 6 UWG wird deutlich, dass es irreführend ist, wenn ein Unternehmer darauf hinweist, an einen Verhaltenskodex gebunden zu sein, sich aber trotzdem nicht an eindeutige Verpflichtungen hält, die sich aus diesem Kodex ergeben. Fehlt es an einem Hinweis auf die Bindung an den Kodex, stellen Verstöße gegen diesen aber keine unlautere Handlung dar.

g) Irreführung über Rechte des Verbrauchers

Von § 5 Abs. 1 S. 2 Nr. 7 UWG erfasst ist die Irreführung über Rechte des Verbrauchers. Besondere Bedeutung kommt dabei den Angaben zu, welche die Gewährleistungsrechte bei Leistungsstörungen betreffen. Eine Irreführung kann insoweit in zwei Richtungen gehen: Ein Unternehmer wirbt mit verbrauchergünstigen Abweichungen vom gesetzlichen Gewährleistungsrecht, ohne diese tatsächlich zu gewähren.

Beispiel: Unternehmer U verwendet in seinen Prospekten den deutlich sichtbaren Slogan "Bei Mangel sofort Geld zurück", obwohl er tatsächlich darauf besteht, zunächst nachzuerfüllen.

Eine Irrführung kann auch dadurch erfolgen, dass der unzutreffende Eindruck erweckt wird, die Ausübung von Gewährleistungsrechten sei an weitere, nicht im BGB genannte Voraussetzungen gebunden.

Abzugrenzen ist danach, ob es sich um die Äußerung einer Rechtsansicht handelt oder um die Feststellung der Rechtslage: Ist (für die betroffenen Verkehrskreise) erkennbar, dass es sich um eine im Rahmen der Rechtsverfolgung oder -verteidigung geäußerte Rechtsansicht handelt, fehlt dieser Äußerung die Eignung zur Täuschung. Dagegen erfasst die Vorschrift Äußerungen, in denen der Unternehmer gegenüber Verbrauchern eine eindeutige Rechtslage behauptet, die tatsächlich nicht besteht, sofern der angesprochene Kunde die Aussage nicht als Äußerung einer Rechtsansicht, sondern als Feststellung versteht. Dabei kommt den verwendeten Formulierungen entscheidende Bedeutung zu (BGH, 23.4.2020, I ZR 85/19, WRP 2020, 1017).

Beispiele für eine Irreführung: Unternehmer U weist Reklamationen regelmäßig mit der Begründung zurück, die Gewährleistungsfrist von 6 Monaten sei bereits abgelaufen, die tatsächlich 2 Jahre besteht.
CD-Händler H bringt über der Kasse ein Schild an mit der Aufschrift „Computerspiele sind von der Gewährleistung ausgeschlossen".

Widerrufserklärungen, die besonders bei Fernabsatzgeschäften Bedeutung haben, können bei Abweichungen von der gesetzlichen Regelung ebenfalls irreführend sein.

5. Weitere Irreführungstatbestände

Einzelne Spezialfälle der irreführenden Werbung sind separat geregelt.

a) Hervorrufen von Verwechslungsgefahr mit einer Marke

Gem. § 5 Abs. 2 UWG ist es irreführend, eine Verwechslungsgefahr mit einer anderen Ware oder Dienstleitung oder mit dem geschützten Kennzeichen eines Mitbewerbers hervorzurufen. Die Vorschrift soll insoweit eine Irreführung verhindern. Besonderheit dabei ist, dass entsprechende Verbotsrechte nicht nur dem Hersteller des Originals bzw. dem Inhaber des Kennzeichens zustehen, sondern allen nach § 8 Abs. 3 UWG Anspruchsberechtigten.

Da eine Verwechslungsgefahr v.a. dann in Betracht kommt, wenn sich die Waren ähneln, ist zudem an § 4 Nr. 3 a) UWG zu denken.

Diese Vorschrift greift aber nur ein, wenn die Herkunftstäuschung vermeidbar ist, während es für § 5 Abs. 2 UWG auf die Vermeidbarkeit der Verwechslungsgefahr nicht ankommt. Ob § 5 Abs. 2 UWG besondere Bedeutung zukommt, bleibt indes abzuwarten, da viele Fälle auch über § 5 Abs. 1 S. 2 Nr. 1 UWG (Irreführung über die betriebliche Herkunft) gelöst werden können.

Die seit langem vertretene Ansicht, dass das Markengesetz in seinem Anwendungsbereich als *lex specialis* das UWG vollständig verdrängt, wird sich nun nicht mehr aufrecht erhalten lassen, so dass Markenrecht und UWG insoweit (!) nebeneinander und unabhängig voneinander anwendbar sind.

Der Begriff der Verwechslungsgefahr ist einheitlich mit den kennzeichnungsrechtlichen Vorschriften auszulegen. Danach liegt eine Verwechslungsgefahr dann vor, wenn die Öffentlichkeit glauben könnte, dass die betreffenden Waren oder Dienstleistungen aus demselben Unternehmen oder jedenfalls aus wirtschaftlich verbundenen Unternehmen stammen.

Für die Beurteilung der Verwechslungsgefahr kommt es auf den Gesamteindruck der sich gegenüberstehenden Zeichen an; dabei sind alle Umstände des Einzelfalls zu berücksichtigen wie die Ähnlichkeit der Zeichen in (Schrift-)Bild, Klang und Bedeutung. Dass sich der Verbraucher häufig auf ein unvollkommenes Erinnerungsbild verlassen muss, weil ihm die Zeichen selten nebeneinander begegnen, ist ebenfalls zu beachten.

Neben der Markenverwechslung ist auch die reine Produktverwechslung Gegenstand des § 5 Abs. 2 UWG. Außerhalb der Fälle, die bei Vorliegen einer Nachahmung über § 4 Nr. 3 a) UWG gelöst werden können, kommen hier ähnliche Werbeanzeigen, ähnliche Produktverpackungen und bestimmte Hinweise in der Werbung in Betracht, die Verwechslungen hervorrufen können.

Beispiele: Das Original-Produkt wird umfangreich im Fernsehen beworben, während Konkurrenzprodukte dort nicht erscheinen. Dennoch verwendet Konkurrent K im Werbeprospekt die Formulierung „bekannt aus der Fernsehwerbung".
Unternehmer U legt in sein Schaufenster, welches mit „Hugo Boss" gekennzeichnet ist, auch Unterwäsche eines No-Name-Herstellers, was die Verbraucher zur Annahme verleiten könnte, auch diese Wäsche stamme von „Hugo Boss".

b) Mondpreiswerbung

Ein Sonderfall der irreführenden Preiswerbung ist in § 5 Abs. 4 UWG geregelt. Hiernach wird das Vorliegen einer Irreführung vermutet, wenn mit einer Preisherabsetzung geworben wird, der alte Preis aber nur unangemessen kurze Zeit verlangt wurde (sog. „Mondpreiswerbung"). Denn die Werbung mit einer Preisersparnis hat für viele Verbraucher eine erhebliche Anziehungskraft. Dass die Angabe eines früheren Preises, der tatsächlich nie verlangt wurde, als unwahre Angabe irreführend ist, bedarf keiner besonderen Begründung. Der Verlockung, diesem Vorwurf durch zumindest kurzzeitige Forderung eines solchen Preises zu entgehen, begegnet § 5 Abs. 4 UWG. Beim Streit, ob und wie lange der höhere Preis gegolten haben soll, trifft die Beweislast das werbende Unternehmen.

Welcher Zeitraum eine „unangemessen kurze Zeit" ist, lässt sich nicht für alle Produkte einheitlich beantworten. Wie lange der ursprünglich geforderte Preis gegolten haben muss, richtet sich nach den Umständen des Einzelfalls, wie den Marktverhältnissen und der Art des Produkts.

Beispiel: So kann bei einem Obsthändler, der große Teile seines Obstvorrats noch vor dem Wochenende verkaufen möchte, ausreichen, wenn der frühere Preis nur wenige Stunden verlangt wurde – gerade dann, wenn ein Händler stufenweise den Preis senkt und nur den zuletzt geforderten Preis zum Vergleich angibt, ist die Gefahr einer Irreführung gering.

Die Anforderungen an den Zeitraum für einen Möbelhändler, der mit einer Preisherabsetzung für ein langlebiges Möbelstück wirbt, sind demgegenüber höher: Wurde der höhere Preis in einem kürzeren Zeitraum als einem Monat gefordert, ist dieser regelmäßig „unangemessen kurz".

Zudem muss der angegebene höhere Preis bis unmittelbar vor der beworbenen Preisherabsetzung gegolten haben. Dass der Vergleichspreis lange Zeit, aber nicht unmittelbar vor der Herabsetzung verlangt wurde, genügt nicht.

Beispiel: Daher ist auch die Werbung eines Baumarktes mit „20% auf alles. Außer Tiernahrung" beanstandet worden, weil er den Preis einzelner Artikel zu Beginn der Aktion heraufgesetzt hatte. Daran änderte sich auch nichts dadurch, dass in der Woche zuvor als solche nicht gekennzeichnete Sonderpreise galten und der Baumarkt mit Beginn der Aktion zu den Normalpreisen zurückkehrte. Auch die Spürbarkeit des Verstoßes war wegen der erheblichen Anlockwirkung gegeben, obwohl die Heraufsetzung des Preises nur bei 4 Artikeln aus dem 70.000 Artikel umfassenden Sortiment entdeckt wurde (BGH, 20.11.2008, I ZR 122/06, GRUR 2009, 788 – 20% auf alles).

c) Irreführung durch Unterlassen, § 5a UWG

§ 5a UWG stellt die Selbstverständlichkeit ausdrücklich fest, dass auch das Verschweigen einer Tatsache irreführend sein kann. Die Vorschrift ist ein deutlicher Beleg für den Wandel, den das UWG durch Umsetzung der UGP-Richtlinie erfahren hat. So werden durch § 5a Abs. 2 UWG besondere Informationspflichten aufgestellt.

Die Regelung begründet aber kein generelles Informationsgebot. Zur Offenlegung aller, insbesondere auch der weniger vorteilhaften oder gar nachteilhaften Eigenschaften seines Angebots ist ein Unternehmer nur verpflichtet, wenn und soweit dies zum Schutz des Verbrauchers auch unter Berücksichtigung der berechtigten Interessen des Werbenden unerlässlich ist.

So handelt unlauter, wer die eigenen Preise mit denen des Mitbewerbers vergleicht, aber verschweigt, dass diese zu unterschiedlichen – für die Preisbildung relevanten – Zeitpunkten erhoben wurden (günstiger eigener „Feierabendtarif" vs. teurer Nachtarif an einer Tankstelle).

Gehören der Werbende und die Mitbewerber zu Handelsgruppen, die über jeweils eine Reihe von Geschäften unterschiedlicher Größe und Art verfügen und bezieht sich der Preisvergleich nicht auf die gleiche Größe und Art (sog. asymmetrischer Vergleich), handelt der Werbende unlauter, wenn er auf diesen Umstand nicht (in der Werbebotschaft!) hinweist (EuGH, 8.2.2017, C-562/15, GRUR 2017, 280).

aa) Struktur

Die Norm ist etwas unübersichtlich aufgebaut. So gilt § 5a Abs. 1 UWG auch für den geschäftlichen Verkehr mit Unternehmen, während alle anderen Absätze ausschließlich Handlungen gegenüber Verbrauchern betreffen. Da dort keine Unlauterkeitsfolge bestimmt ist, muss bei geschäftlichen Handlungen gegenüber Unternehmen auf § 5 Abs. 1 UWG zurückgegriffen werden.

Der eigentliche Unlauterkeitstatbestand beginnt erst mit Abs. 2, der es für unlauter erklärt, die Entscheidungsfähigkeit von Verbrauchern dadurch zu beeinflussen, dass der Unternehmer eine Information vorenthält, die für die informierte Entscheidung des Verbrauchers wesentlich ist.

Welche Informationen als wesentlich gelten, regeln die Absätze 3 und 4.

bb) „Wesentliche" Information

Wesentlich ist eine Tatsache nur, wenn ihr Verschweigen für die geschäftliche Entscheidung des Verbrauchers nach der Verkehrsauffassung bedeutsam und zudem geeignet ist, die Entscheidung zu beeinflussen.

Beispiele: Fahrradhändler F verschweigt in seiner Werbung, dass die besonders günstigen Fahrräder Auslaufmodelle sind. Dies ist irreführend, weil bei Fahrrädern üblicherweise darauf hingewiesen wird, dass es sich um ein Auslaufmodell handelt und das Publikum sich an den Hinweis gewöhnt hat.

Ein Internetvergleichsportal verschweigt, dass nur solche Anbieter in den Vergleich einbezogen werden, die dem Betreiber des Portals im Falle des Vertragsschlusses mit dem Nutzer eine Provision zahlen. Dies ist irreführend, denn für den Nutzer ist diese Information von erheblichem Interesse, weil sie nicht seiner Erwartung entspricht, der Preisvergleich umfasse weitgehend das im Internet verfügbare Marktumfeld (BGH, 27.4.2017, I ZR 55/16, GRUR 2017, 1265).

Autohändler A verkauft Neu-Fahrzeuge, die für den dänischen Markt bestimmt waren ohne Hinweis darauf. Das ist dann irreführend, wenn sich die Fahrzeuge im Hinblick auf Ausstattung und Ausrüstung von denen unterscheiden, die für den deutschen Markt bestimmt sind.

Autohändlerin B verkauft ein Gebrauchtfahrzeug, ohne darauf hinzuweisen, dass es zuvor als Mietwagen genutzt wurde. Denn bei der Mietwageneigenschaft handelt es sich um eine wesentliche Information, die für den Käufer erhebliches Gewicht hat, etwa wegen Fahrern mit wechselndem Temperamenten, wechselnder Fahrfähigkeit, unterschiedlicher Sorgfalt (OLG Oldenburg, 15.3.2019, 6 U 170/18, WRP 2019, 919).

Ein Insolvenzverwalter, der das Unternehmen eines Schuldners fortführt, muss grundsätzlich nicht auf die Insolvenz hinweisen; anderes gilt, wenn besonders schutzwürdige Interessen der Verbraucher vorliegen, etwa wenn es sich um einen Möbelhändler handelt, der regelmäßig hohe Anzahlungen vor der Lieferung vereinnahmt.

Eine Informationspflicht kann sich auch daraus ergeben, dass sich die Qualität eines über längere Zeit verkauften Gegenstandes verschlechtert hat.

Beispiel: Ein Zigarettenhersteller verwendet plötzlich Tabak aus der Dominikanischen Republik statt aus Kuba, was erhebliche Auswirkungen auf die Qualität hat.

Für Selbstverständlichkeiten besteht keine Informationspflicht.

Beispiele: Ein Unternehmen, welches mit der Möglichkeit von Ratenkäufen wirbt, muss nicht darauf hinweisen, dass es sich die Lieferung bei Kunden mit zweifelhafter Bonität vorbehält.

Schließlich verweist § 5a Abs. 4 UWG auf einen offenen Katalog weiterer, gemeinschaftsrechtlicher Vorschriften. Durch diese dynamische Verweisung kann sich der Katalog laufend ergänzen, ohne dass dadurch Regelungsbedarf für den deutschen Gesetzgeber entsteht.

d) „Schwarze Liste"

Für bestimmte Fälle der Irreführung enthält die „Schwarze Liste" ausdrückliche Regelungen, bei denen es im Falle eines Verstoßes nicht auf Spürbarkeit und Relevanz ankommt (§ 3 Abs. 3 UWG). Dabei handelt es sich insbesondere um diese Vorschriften:
Für sog. „Lockangebote", also die unzureichende Bevorratung von Waren, enthält Nr. 5 eine Regelung. Hiernach ist es stets unzulässig, wenn der Unternehmer Waren konkret anbietet und „nicht darüber aufklärt, dass er hinreichende Gründe für die Annahme hat, er werde nicht in der Lage sein, diese oder gleichwertige Waren [...] für einen angemessenen Zeitraum in angemessener Menge zum genannten Preis bereitzustellen".

Hintergrund ist die Verbrauchererwartung, dass die angebotenen Waren in einer solchen Menge vorhanden sind, dass die zu erwartende Nachfrage gedeckt ist.

Ausschließen kann der Werbende eine Irreführung durch einen entsprechenden Hinweis, etwa durch Angabe der konkreten Warenmenge oder andere aufklärende Hinweise.

Beispiele: „Keine Mitnahmegarantie. Sofern nicht vorhanden, gleich bestellen. Wir liefern umgehend" wird als ausreichender Hinweis eines Computerhändlers angesehen. Insgesamt sind aber hier wieder die Umstände des Einzelfalls maßgeblich.

Gem. Nr. 13 der „Schwarzen Liste" ist es stets unzulässig, gegenüber Verbrauchern für eine Ware oder Dienstleistung in der Absicht zu werben, über die betriebliche Herkunft zu täuschen.

Da der Nachweis der Absicht nicht ohne weiteres möglich ist, kommt in diesen Fällen den anderen Unlauterkeitstatbeständen eine größere Bedeutung zu: § 4 Nr. 3 a), § 5 Abs. 1 S. 2 Nr. 1, § 5 Abs. 2 UWG.

Den Fall der als Rechnung getarnten Angebotsschreiben betrifft Nr. 22. Hiernach ist es unzulässig, Verbrauchern Werbematerial unter Beifügung einer Zahlungsaufforderung zu übermitteln, die den unzutreffenden Eindruck vermittelt, die Ware sei bereits bestellt. Der Verbraucher soll hier vor einer Irreführung über eine bestehende vertragliche Bindung geschützt werden.

6. § 5a Abs. 6 UWG – Verschleierung des Werbecharakters (§ 4 Nr. 3 UWG a.F.)

Unlauter handelt gem. § 5a Abs. 6 UWG, wer den kommerziellen Zweck einer geschäftlichen Handlung nicht kenntlich macht (wenn sich dieser nicht unmittelbar aus den Umständen ergibt) und dieses Unterlassen geeignet ist, den Verbraucher zu einer geschäftlichen Entscheidung zu veranlassen, die er andernfalls nicht getroffen hätte.

In § 4 Nr. 3 UWG a.F. war geregelt, dass unlauter handelt, wer den Werbecharakter von geschäftlichen Handlungen verschleiert. Eine Einschränkung des Anwendungsbereichs auf Verbraucher gab es nicht. Nach der Gesetzesbegründung soll der bisherige Regelungsgehalt sich nunmehr „in § 5a und dort zum Schutz von Verbrauchern insbesondere in Abs. 6" finden. Damit bleibt für die verschleierte Werbung gegenüber sonstigen Marktteilnehmern nur die Anwendung der §§ 5 Abs. 1, 5a Abs. 1 UWG.

Den Werbecharakter von geschäftlichen Handlungen gegenüber Verbrauchern zu verschleiern, verstößt gegen § 5a Abs. 6 UWG. Werbung muss also als solche wahrnehmbar und erkennbar sein. Denn der Durchschnittsverbraucher bringt eine gesunde Skepsis gegenüber Werbung auf und vertraut nur auf objektive Informationen (wie etwa der Stiftung Warentest). Einer getarnten Werbung kommt damit eine erhöhte Wirksamkeit zu.

Eine Verschleierung setzt voraus, dass das äußere Erscheinungsbild einer geschäftlichen Handlung so gestaltet wird, dass sie nicht klar und eindeutig als solche zu erkennen ist. Angesichts der Vielfalt der Mittel zur Tarnung entzieht sich die „Verschleierung" einer abschließenden Definition.

a) Verschleierung eines werblichen Kontakts

So ist es unlauter, zu einer Veranstaltung zu locken, ohne dass auf deren Verkaufscharakter hingewiesen wird.

Beispiel: Deshalb ist bei Kaffeefahrten ein eindeutiger und unübersehbarer Hinweis darauf erforderlich, dass es sich um eine Verkaufsfahrt handelt und dass die Teilnahme an der Verkaufsveranstaltung freiwillig ist. Eine Bezeichnung als „Kaffeefahrt" oder „Werbefahrt" ist hierfür nicht ausreichend. So kann der Begriff „Werbefahrt" auch dahin zu verstehen sein, dass Werbung für ein Reiseziel oder die Leistungsfähigkeit eines Busunternehmers gemacht wird.

Bei der Produktempfehlung durch einen „Influencer" in dessen sozialem Medium es darauf an, ob der kommerzielle Zweck zu erkennen ist. Ist dies nicht der Fall, stellt sie jedenfalls dann eine nach § 5a VI UWG verbotene getarnte Werbung dar, wenn der „Influencer" sich hauptberuflich mit dem Geschäftsbereich, zu dem das empfohlene Produkt gehört, beschäftigt und geschäftliche Beziehungen zu den Unternehmen unterhält, deren Produkte er empfiehlt (OLG Frankfurt, 28.6.2019, 6 W 35/19, WRP 2019, 1213; großzügiger im Hinblick darauf, dass sich der informierte Verbraucher inzwischen daran gewöhnt hat, dass Influencer durch ihre Tätigkeit Geld verdienen: OLG München, 25.6.2020, 29 U 2333/19, WRP 2020, 1227, n.rkr.).

Weitere Erscheinungsformen sind die Verschleierung des Werbecharakters eines Hausbesuchs, von Meinungsumfragen und bei Vorspiegelung von besonderen Verdienstmöglichkeiten.

b) Trennung von Werbung und redaktionellem Teil

Für Werbung in Zeitungen, im Rundfunk, im Internet etc. ist eine klare Trennung der Werbung von anderen Inhalten erforderlich. Neben dem Schutz des Umworbenen vor Manipulation geht es hierbei auch um die Bewahrung der Unabhängigkeit und Neutralität der Medien, in denen geworben wird.

Das bedeutet, dass Werbung – wenn sie nicht schon durch Anordnung und Gestaltung als solche zu erkennen ist – mit dem Wort „Anzeige" zu kennzeichnen ist. An die Kennzeichnung werden strenge Anforderungen gestellt, denn diese muss sich hinsichtlich Schriftart, -größe und -farbe vom Rest abheben und bei mehreren Anzeigen auch jede kennzeichnen. So genügt es nicht, eine Seite mit mehreren Werbungen nur in der Kopfzeile mit „Anzeige" zu überschreiben.

Beispiel: Auch nicht ausreichend ist die Kennzeichnung mit „PR-Anzeige", „Verlagssonderseite", „Promotion" oder „sponsored by". Ausreichend ist aber „Werbeinformationen aus Ihrer Apotheke".
Auch ein mit „Preisrätsel" überschriebener Beitrag, der sowohl redaktionelle als auch werbliche Elemente enthält, verstößt gegen das Trennungsgebot, wenn der werbliche Charakter nicht bereits auf den ersten Blick erkennbar ist.

c) Verbot redaktioneller Werbung

Dem Trennungsgebot entspricht es, dass auch redaktionelle, d.h. wie ein journalistischer Beitrag gestaltete Werbung als solche kenntlich gemacht werden muss. Zur Abgrenzung eines zulässigen redaktionellen Beitrags, der durchaus auch lobend sein kann und redaktioneller Werbung kommt es vor allem auf inhaltliche Kriterien an. So handelt es sich um Werbung, wenn die Werbewirkung über das durch eine sachliche Information bedingte Maß hinausgeht und eine übermäßig werbende Darstellung erfolgt.

Für Werbung spricht das Fehlen eines publizistischen Anlasses für den Beitrag, eine positive Bewertung ohne jede sachliche Rechtfertigung, das Fehlen jeder kritischen Distanz, wenn bei einer Vielzahl von Produkten nur eines genannt und in den Vordergrund eines Berichts (z.B. über Abnehmen) gestellt wird oder wenn ein direkter Kaufappell enthalten ist. Zahlt ein Werbekunde Geld für einen bestimmten Beitrag, spricht dies ebenfalls für redaktionelle Werbung.

VI. Vergleichende Werbung gem. § 6 UWG

§ 6 UWG regelt die vergleichende Werbung. Mit dieser Vorschrift hat der Wandel der rechtlichen Beurteilung ein vorläufiges Ende genommen. Zu Beginn des 20. Jahrhunderts wurde diese Art der Werbung als zulässig angesehen, bevor 1931 das Reichsgericht sie als sittenwidrig einstufte. Danach war vergleichende Werbung nur in Gestalt des System- oder Fortschrittsvergleichs möglich, bei dem der Werbende seine Mitbewerber und deren Produkte nicht erkennbar machte.

Auch in der Rechtsprechung des BGH blieb es bei der Beurteilung als sittenwidrig. Der BGH formulierte allerdings einen allgemeinen Ausnahmetatbestand. Hiernach war ein Vergleich dann zulässig, wenn die verglichenen Leistungen sachlich vergleichbar waren, der Vergleich aus hinreichendem Anlass erfolgte und sich seine Angaben nach Art und Maß in den Grenzen des Erforderlichen und der wahrheitsgemäßen sachlichen Erörterung hielten.

Infolge der Richtlinie über irreführende und vergleichende Werbung schwenkte die Rechtsprechung erneut um und bewertete die vergleichende Werbung 1998 (BGH, 5.2.1998, I ZR 211/95) bereits vor Ablauf der Umsetzungsfrist als grundsätzlich zulässig.

Die infolge der Umsetzung geschaffene Regelung des § 6 UWG geht von der Zulässigkeit aus und zählt in Abs. 2 die Verbotstatbestände auf, bei deren Vorliegen die vergleichende Werbung unlauter ist.

§ 6 Abs. 1 UWG definiert vergleichende Werbung als eine Werbung, die unmittelbar oder mittelbar einen Mitbewerber oder die von ihm angebotenen Produkte erkennbar macht.

1. Erkennbarkeit des Mitbewerbers; Vergleich

Insoweit wird zwischen unmittelbarer und mittelbarer Erkennbarkeit unterschieden.

Ein Mitbewerber ist unmittelbar erkennbar, wenn er oder seine Produkte in dem Vergleich identifiziert oder identifizierbar sind. Dies kann durch eine ausdrückliche Benennung oder die Darstellung seiner Produkte bzw. typischer Erkennungszeichen erfolgen.

Beispiele: Abbildung zweier Pkw erkennbar verschiedener Hersteller in einer Werbeanzeige.
Werbung der Telekom mit „Gib Alice keine Chance".

Mittelbare Erkennbarkeit liegt vor, wenn ein Mitbewerber oder seine Produkte zwar nicht genannt oder gezeigt werden, aber anhand der sonstigen Umstände der Werbung von den angesprochenen Verkehrskreisen identifiziert werden können.

Beispiele: Die Werbefigur eines Mitbewerbers wird in der eigenen Werbung eingesetzt, etwa wenn „Ronald McDonald" beim Konsum von Burger-King-Produkten abgebildet wird.
An eine aus der Werbung des Mitbewerbers bekannte Situation, Melodie etc. lehnt sich eine Werbung an.
Ein Waschbär übersprüht eine rote Fläche mit blauer Farbe und der Verbraucher ordnet diese Farben bestimmten Telekommunikationsunternehmen zu (OLG Frankfurt, 9.10.2014, 6 U 199/13, WRP 2015, 122).

Dabei ist auf den durchschnittlich informierten, aufmerksamen und verständigen Durchschnittsempfänger der Werbung abzustellen. Der Vergleich kann sich auch gegen mehrere Mitbewerber richten, die jeweils erkennbar sein müssen.

Beispiele: So wurde die Werbung „Lieber zu Sixt als zu teuer" wegen der überschaubaren Zahl der Mitbewerber als vergleichende Werbung angesehen.
Keine Erkennbarkeit liegt demgegenüber in der Formulierung „Ich bin doch nicht blöd" in Bezug auf das Angebot eines Konkurrenten vor.

Ob für das Vorliegen einer vergleichenden Werbung tatsächlich ein Vergleich vorliegen muss, wird uneinheitlich beurteilt. Einigkeit besteht aber insoweit, als folgende Fallgruppen nicht unter den Begriff der vergleichenden Werbung fallen:

- bloße Kritik am Mitbewerber,

Beispiel: Die Behauptung, ein Mitbewerber beschäftige Schwarzarbeiter.

- bloße Anlehnung an einen fremden Ruf, ohne dass die Werbung das eigene Angebot als Alternative zum fremden Angebot erscheinen lässt,

Beispiel: Die Werbung „Dieses Oberteil passt hervorragend zu Cartier-Schmuck" (str.); eine Werbung, in der ein Getränk neben dem Kühlergrill eines Nobel-Pkw abgebildet wird.

- bloße Werbung für das eigene Angebot, auch wenn eine Allein- oder Spitzenstellung herausgestellt wird,

Beispiel: Die Werbung mit „Wir sind die Besten!" oder „Bei uns gibt es keine Lockvogelangebote".

- bloße **Aufforderung zum Vergleich,**

Beispiel: „Vergleichen Sie" oder „Vergleichen Sie, solange Sie wollen – am Ende kaufen Sie doch bei uns".

- bloßer **Eigenpreisvergleich,**

Beispiel: Ein Unternehmer vergleicht lediglich seine eigenen Produkte und deren Preise. Das gilt aber dann nicht, wenn ein Händler seine eigenen unter einer Hausmarke vertriebenen Produkte mit den von einem Markenartikelhersteller bezogenen Produkten vergleicht.

2. Katalog der Fälle unlauter vergleichender Werbung

Aus der Systematik der Vorschrift ergibt sich, dass vergleichende Werbung als grundsätzlich zulässig anzusehen und nur bei einem Verstoß gegen § 6 Abs. 2 UWG unlauter ist. Allerdings stellt § 5 Abs. 3 UWG klar, dass Angaben im Rahmen vergleichender Werbung den Regeln über das Verbot irreführender Handlungen unterfallen, die insoweit neben § 6 UWG anwendbar sind. Aus der Konkretisierung der Verbotstatbestände für vergleichende Werbung folgt damit, dass für eine abweichende, d.h. strengere oder mildere Beurteilung über § 3 UWG kein Raum ist.

Die Unlauterkeitskriterien lassen sich grob, aber nicht trennscharf in solche mit Abnehmerbezug und mit Mitbewerberbezug unterteilen.

a) Abnehmerbezogene Fälle

So ist es nach § 6 Abs. 2 Nr. 1 UWG unlauter, vergleichend zu werben, wenn sich der Vergleich nicht auf Produkte für den gleichen Bedarf oder dieselbe Zweckbestimmung bezieht.

Bei der Bestimmung des Bedarfs und der Zweckbestimmung ist darauf abzustellen, ob die Produkte funktionsidentisch und deshalb aus Sicht der angesprochenen Verkehrskreise substituierbar sind.

Beispiele: Substituierbarkeit liegt etwa vor bei einem Vergleich von Markenprodukten und No-Name-Artikeln, bei einem Vergleich von Leitungswasser und Flaschen-Mineralwasser, bei einem Vergleich von Internetzugängen (auch wenn diese auf unterschiedlichen Technologien basieren). An der Funktionsidentität fehlt es hingegen bei einem Vergleich einer Wirtschaftszeitschrift mit einem Lottoschein, weil die angesprochenen Verkehrskreise, trotz gemeinsamer Eignung zur Geldvermehrung, eine Substitution nicht ernsthaft in Betracht ziehen.

Es genügt, wenn erst die Werbung dazu führt, dass Waren unterschiedlicher Art eine gemeinsame Zweckbestimmung erhalten.

Beispiel: Obwohl Blumen und Kaffee unterschiedliche Zwecke erfüllen, wird ihnen eine gemeinsame Zweckbestimmung verliehen, indem geworben wird mit „Zum Muttertag – diesmal Onko-Kaffee statt Blumen".

§ 6 Abs. 2 Nr. 2 UWG erklärt einen Vergleich für unlauter, wenn er nicht objektiv auf mindestens eine wesentliche, relevante, nachprüfbare und typische Eigenschaft oder den Preis bezogen ist.

Vom Eigenschaftsbegriff erfasst werden alle Informationen, die für die Entscheidung der angesprochenen Verkehrskreise nützlich sind, ob sich mit dem Angebot näher befasst werden soll.

Beispiele: Herstellungsart, Herkunft, Lieferzeiten, Alter, Design, steuerliche Behandlung, Umsatzentwicklung, Duftnote eines Parfüms.

Der Begriff der Eigenschaft ist nach der Rechtsprechung des BGH weit zu verstehen.

Beispiel: Danach beziehe sich der Vergleich der Leserschaften der Bild-Zeitung und der TAZ auf eine wesentliche, relevante und nachprüfbare Eigenschaft.

Hingegen stellen subjektive Wahrnehmungen und Wertungen keine Eigenschaften dar, sofern sie nicht auf einem Tatsachenkern beruhen.

Beispiele: „Big Mac schmeckt besser als Whopper", „Armani duftet besser als Davidoff". Das soll selbst dann gelten, wenn die Aussage durch tatsächliche Feststellungen aufgrund einer Meinungsumfrage gestützt wird.

Der Vergleich ist nach § 6 Abs. 2 Nr. 3 UWG unlauter, wenn er zur Gefahr von Verwechslungen zwischen dem Werbenden und dem Mitbewerber, deren Produkten oder Kennzeichen führt.

Dabei ist zunächst festzuhalten, dass der Gebrauch einer fremden Marke im Werbevergleich keine Markenrechtsverletzung darstellt.

Denn die Benutzung der Marken eines anderen ist erlaubt, wenn sie erforderlich ist, den Verkehr über die Natur der Erzeugnisse oder den Zweck der angebotenen Dienstleistung zu informieren.

Der Begriff der Verwechslungsgefahr hat hier die gleiche Bedeutung wie bei § 5 Abs. 2 UWG, so dass auf die Ausführungen oben verwiesen werden kann.

Eine Verwechslungsgefahr zwischen dem Werbenden und dem Mitbewerber ist begründet, wenn die vergleichende Werbung als Werbung des Mitbewerbers verstanden wird, weil der Verkehr von der Identität beider Unternehmen ausgeht.

Beispiel: Dazu kann es kommen, wenn die Werbung aufgrund ihrer grafischen bzw. farblichen Gestaltung oder der Anlehnung an eine typische Werbeaussage mit einem anderen Unternehmen in Verbindung gebracht wird.

Zur Verwechslungsgefahr hinsichtlich der Kennzeichen und Waren kann ebenfalls auf die Ausführungen zu § 5 Abs. 2 UWG verwiesen werden.

b) Mitbewerberbezogene Fälle

Unlauter nach § 6 Abs. 2 Nr. 4 UWG ist der Vergleich, wenn er den Ruf eines vom Mitbewerber verwendeten Kennzeichens in unlauterer Weise ausnutzt oder beeinträchtigt.

Der Ruf eines Kennzeichens wird ausgenutzt, wenn die Verwendung bei den angesprochenen Verkehrskreisen eine Verwechslung oder zumindest eine Assoziation zwischen dem Werbenden und dem Mitbewerber hervorruft, dass diese Kreise den Ruf der Erzeugnisse des Mitbewerbers auf die Erzeugnisse des Werbenden übertragen (sog. „Imagetransfer").

Ob die Ausnutzung zudem „in unlauterer Weise" erfolgt, ist im Rahmen einer Interessenabwägung festzustellen; dies hat unter Berücksichtigung der legitimen Funktion der vergleichenden Werbung (Verbraucherinformation) und des Grundsatzes der Verhältnismäßigkeit zu erfolgen.

Die bloße Nennung eines Handelsnamens, einer Marke oder sonstigen Unterscheidungsmerkmals ist daher zulässig. Anders kann der Fall zu beurteilen sein, wenn das legitime Ziel des Vergleichs auch unter geringerer Rufausnutzung zu erreichen ist: dann kann es unlauter sein, wenn ein Logo oder eine Bildmarke des Mitbewerbers verwendet werden, wo die Wortmarke ausgereicht hätte.

Die bloße Gegenüberstellung eines No-Name-Produkts mit einem Markenprodukt führt für sich genommen noch nicht zu einer unlauteren Rufausnutzung.

Eine unlautere Rufbeeinträchtigung liegt vor, wenn die Wertschätzung eines Kennzeichens durch den Vergleich stärker beeinträchtigt wird, als dies mit Rücksicht auf die Zwecke der vergleichenden Werbung erforderlich ist.

Beispiel: Das fremde Kennzeichen wird durch eine so ungünstige Abbildung dargestellt, dass der Verkehr daraus den Schluss ziehen kann, das damit gekennzeichnete Konkurrenzprodukt habe nicht (mehr) die angenommene Qualität.

Eng damit zusammen hängt auch § 6 Abs. 2 Nr. 5 UWG, nach dem der Vergleich unlauter ist, wenn dadurch u.a. die Produkte eines Mitbewerbers herabgesetzt oder verunglimpft werden. Herabsetzend ist ein Vergleich nur, wenn zu den mit jedem Werbevergleich verbundenen (negativen) Wirkungen für die Konkurrenz besondere Umstände hinzutreten, die ihn als unangemessen abfällig, abwertend oder unsachlich erscheinen lassen. Es kommt darauf an, ob die Werbeaussage sich noch in den Grenzen einer sachlichen Erörterung hält oder bereits eine pauschale Abwertung der fremden Erzeugnisse darstellt. Da sich der Durchschnittsverbraucher zunehmend an pointierte Werbeaussagen gewöhnt und sie als Ausdruck lebhaften Wettbewerbs empfindet, kann ein humorvoller oder ironischer Werbevergleich auch dann zulässig sein, wenn er sich nicht auf feinen Humor und leise Ironie beschränkt. Eine unzulässige Herabsetzung ist erst dann gegeben, wenn sie den Mitbewerber dem Spott oder der Lächerlichkeit preisgibt oder von den Adressaten der Werbung wörtlich und damit ernst genommen und daher als Abwertung verstanden wird.

Beispiele: Als herabsetzend wurde das Bild eines grinsenden Waschbären beurteilt, der eine rote Wand (Farbe des Mitbewerbers) mit blauer Farbe (Farbe des werbenden Unternehmens) übersprüht. Bei dem Übersprühen der Unternehmensfarbe handele es sich um eine plumpe, aggressive Maßnahme; die Unternehmensfarbe werde ausgelöscht und restlos durch jene des werbenden Unternehmens ersetzt, womit der Eindruck erweckt werde, die Leistungen des Mitbewerbers gehörten der

Vergangenheit an und seien nicht mehr zeitgemäß. Damit würden die Leistungen dem Spott und der Lächerlichkeit preisgegeben (OLG Frankfurt, 9.10.2014, 6 U 199/13, WRP 2015, 122). Eine andere Auffassung ist hier durchaus vertretbar.

Ein Vergleich, der das Toilettenpapier eines Mitbewerbers mit einem Stachelschwein gleichgesetzt, ist herabsetzend.
Als herabsetzend wurde es auch angesehen, für Leitungswasser im Vergleich mit Mineralwasser zu werben mit „Hängen Sie noch an der Flasche?"; bereits zur Zeit der Entscheidung (1999) mehr als zweifelhaft.

Preisvergleiche sind zulässig, so lange nicht der Eindruck erweckt wird, der Mitbewerber biete generell überteuert und außerhalb eines vernünftigen Preis-Leistung-Verhältnisses an.

Beispiele: Nicht herabsetzend ist es, das Sonderangebot eines Mitbewerbers identisch wiederzugeben mit dem handschriftlichen Hinweis „Dieser PC wird bei uns normal für … verkauft".

Nach § 6 Abs. 2 Nr. 6 UWG ist ein Vergleich unlauter, wenn er ein Produkt als Imitation oder Nachahmung eines unter einem geschützten Kennzeichen vertriebenen Produkts darstellt. Besondere Bedeutung hat diese Vorschrift für Parfüm, das einem Schutzrecht nicht zugänglich ist, und Medikamenten, deren Patentschutz abgelaufen ist.

Daher wird diese Vorschrift auch als „Parfümklausel" bezeichnet.

Auch wenn der Wortlaut insoweit nicht eindeutig ist, betrifft er nur den Fall, dass der Werbende sein eigenes Produkt als Nachahmung des Produkts eines Mitbewerbers bezeichnet.

Beispiele: „Unser 2310-Duft riecht 1:1 wie 4711", „Die neue XY-Pille ist identisch zusammengesetzt wie Aspirin".

Nicht erfasst ist demgegenüber ein Vergleich, in dem das Konkurrenzprodukt als Nachahmung des eigenen Produkts dargestellt wird. Insoweit ist § 6 Abs. 2 Nr. 5 UWG einschlägig.

Für die Darstellung als Imitation oder Nachahmung ist ein besonderer Grad an Deutlichkeit erforderlich. Dafür kann aber im Rahmen einer „offenen" Imitationswerbung die konkrete Gestaltung oder seine Bezeichnung genügen, wenn diese entsprechend an die Merkmale des bekannten Originalprodukts angenähert sind, so dass der Verkehr auf eine Imitation schließt.

Nicht ausreichend ist es, wenn die angesprochenen Verkehrskreise nur aufgrund außerhalb der Werbung liegender Umstände
oder eines auf andere Weise erworbenen Wissens in der Lage
sind, die Produkte des Werbenden den Produkten des Mitbewerbers zuzuordnen.

Beispiele: Ausreichend sind die Formulierungen „wie", „ähnlich wie",
„baugleich mit" etc.

3. Werbung mit Testergebnissen

Positive Testergebnisse – gerade von der Stiftung Warentest –
haben eine enorme Werbewirkung und werden dementsprechend
häufig verwendet. Berührungspunkte ergeben sich zu mehreren
Unlauterkeitstatbeständen.
So verstößt gegen § 6 Abs. 2 Nr. 2 UWG (Nachprüfbarkeit), wer
mit einem Testergebnis ohne Angabe der Fundstelle der
Veröffentlichung wirbt.

Denn für den Verbraucher wird dadurch die Kenntnisnahme vom Test und
die Überprüfung der Werbung unnötig erschwert, wenn nicht unmöglich
gemacht.

Eine Irreführung nach §§ 5, 5a UWG liegt vor, wenn sich der Test
nicht auf die beworbene, sondern eine andere Ware bezog, auch
wenn sie äußerlich ähnlich und technisch baugleich war.
Mit der Bewertung „gut" zu werben ist irreführend, wenn das
Produkt mit dieser Note unter dem Notendurchschnitt der
getesteten Waren geblieben ist.

Dies gilt jedenfalls dann, wenn der Werbende die Zahl und die Noten der
besser beurteilten Erzeugnisse nicht angibt.

Zulässig ist es, das Produkt, das beim Test am besten
abgeschnitten hat, als „Testsieger" zu bewerben, auch wenn der
Vorsprung gegenüber den getesteten Konkurrenzprodukten nur
gering ist.

Ob mit „**Testsieger**" auch dann geworben werden kann, wenn sich zwei
Produkte die beste Note teilen, wird in der Rechtsprechung
unterschiedlich beantwortet. Letztlich kommt es darauf an, ob der (dem
Verbraucherleitbild zugrunde liegende) Verbraucher mit der Möglichkeit
eines „geteilten" Spitzenplatzes rechnet, ohne dass er hierauf hingewiesen wird oder eben nicht. Unzulässig ist es, den Testsieger mit der
Angabe „meilenweit voraus" zu bewerben, wenn der Abstand zu den

Konkurrenzprodukten nur sehr gering ist (OLG Hamburg, 28.2.2019, 3 U 209/17).

Die allgemeinen Werbebedingungen der Stiftung Warentest sind weder Marktverhaltensregeln i.S.v. § 3a UWG, noch zieht ein Verstoß stets eine Irreführung nach sich.

So ist eine Werbung nicht allein deshalb irreführend, weil sie – entgegen den Werbebedingungen – nur das Testergebnis eines Einzelmerkmals (z.B. Kaffeearoma bei der Werbung für Kaffeemaschinen), nicht aber das Gesamturteil angibt.

VII. Belästigende Werbung gem. § 7 UWG

Schutz aller Marktteilnehmer vor belästigender Werbung soll § 7 UWG bieten. Hiernach ist eine geschäftliche Handlung, durch die ein Marktteilnehmer in unzumutbarer Weise belästigt wird, unzulässig. Daher kommt es wesentlich auf die Unzumutbarkeit der Belästigung an; eine zusätzliche Spürbarkeit bzw. Relevanz (wie in § 3 Abs. 2 UWG gefordert) muss daher nicht geprüft werden.

Die Vorschrift soll verhindern, dass einem Marktteilnehmer Werbemaßnahmen gegen seinen erkennbaren oder mutmaßlichen Willen aufgedrängt werden. Demgegenüber bezweckt die Vorschrift *nicht* den Schutz der Entscheidungsfreiheit. Daraus folgt, dass sich aus einem Verstoß gegen § 7 UWG nicht die Unwirksamkeit eines ggf. geschlossenen Vertrags schlussfolgern lässt (BGH, 21.4.2016, I ZR 276/14, WRP 2016, 866).

Eine Belästigung i.S.d. § 7 UWG muss sich aus der Art und Weise des Herantretens einer geschäftlichen Handlung an den Marktteilnehmer ergeben. Hingegen fällt der als belästigend wahrgenommene Inhalt nicht unter diese Vorschrift.

Beispiele: Nicht von § 7 UWG erfasst sind besonders freizügige Werbeplakate, sexuelle Anspielungen etc. Eine Werbung, die den Adressaten in seinen sittlichen, weltanschaulichen, religiösen oder politischen Anschauungen verletzt, oder die er als geschmacklos empfindet, kann demnach nicht über § 7 UWG untersagt werden.

Der Aufbau der Vorschrift folgt dem Prinzip „vom Allgemeinen zum Besonderen". So enthält § 7 Abs. 1 S. 1 UWG die Grundregel zur Unzulässigkeit unzumutbar belästigender Werbung. Diese Regelung wird ergänzt um einen Beispielsfall in § 7 Abs. 1 S. 2 UWG, nämlich die erkennbar unerwünschte Werbung.

§ 7 Abs. 2 UWG enthält dann einen Katalog von Spezial-
tatbeständen, deren Verwirklichung „stets" zu einer unzumutbaren
Belästigung und damit einer unzulässigen Handlung führt. Das
Wort „stets" verdeutlicht, dass hier für eine weitere Berücksichtigung der Umstände des Einzelfalls kein Raum ist. Schließlich
regelt § 7 Abs. 3 UWG eine Ausnahme von § 7 Abs. 2 Nr. 3 UWG
für die E-Mail-Werbung.

Daraus ergibt sich folgender Prüfungsaufbau:

Prüfungsschema:
Unzulässigkeit einer geschäftlichen Handlung wegen
Belästigung nach § 7 UWG

I. Unzulässigkeit gem. § 3 Abs. 3 UWG
  i.V.m der „Schwarzen Liste" (ggf. Nr. 25, 26, 29)
  1. Vorliegen einer geschäftlichen Handlung gegenüber
     Verbrauchern
  2. Verstoß gegen Verbot der „Schwarzen Liste"

II. Unzulässigkeit gem. § 7 Abs. 1 i.V.m. Abs. 2 UWG
  1. Vorliegen einer geschäftlichen Handlung
  2. Verstoß gegen eine der in § 7 Abs. 2 UWG aufgeführten
     Regelungen

III. Unzulässigkeit gem. § 7 Abs. 1 UWG
  1. Vorliegen einer geschäftlichen Handlung
  2. Unzumutbare Belästigung

---

1. Grundregel

Unter Belästigung i.S.v. § 7 Abs. 1 S. 1 UWG sind solche Auswirkungen einer geschäftlichen Handlung zu verstehen, die bereits
wegen der Art und Weise des Herantretens von den Adressaten
als Beeinträchtigung ihrer privaten oder beruflichen Sphäre
empfunden werden. Da mit jeder geschäftlichen Handlung ein
gewisses Maß an Belästigung verbunden sein kann, verlangt der
Gesetzgeber, dass die Belästigung unzumutbar sein muss.

Welches Maß an Belästigung dem Adressaten noch zumutbar ist,
muss unter Berücksichtigung des Durchschnittsmarkteilnehmers
festgestellt werden.

Die Grenze des Zumutbaren ist jedenfalls dann überschritten, wenn die Belästigung für einen großen Teil der Marktteilnehmer unerträglich ist. Bei der erforderlichen Abwägung der Interessen der Marktteilnehmer und des werbenden Unternehmens kommt es v.a. auf diese Kriterien an:

- Intensität des Eingriffs,

So greift ein unerbetener persönlicher Kontakt am stärksten in die Sphäre des Adressaten ein; bei einer verkörperten Werbung (Prospekte, Warenproben, etc.) sind die Mühen für das Erkennen und Beseitigen zu berücksichtigen. Bei der Verteilung von Waschmittelproben ist bspw. zu berücksichtigen, dass diese oft als Sondermüll entsorgen werden müssen und als gesundheitsgefährdendes Produkt außerhalb der Reichweite von Kindern aufbewahrt werden müssen.

- Möglichkeit zum Vorgehen in schonenderer Weise,

Zu berücksichtigen ist ebenfalls, inwieweit der Werbende auf schonendere Weise sein Anliegen verwirklichen kann.

- Ausweichmöglichkeiten des Adressaten,

Für die Interessenabwägung spielt es auch eine Rolle, wie viel Aufwand der Adressat betreiben muss, um einer Belästigung zu entgehen bzw. sich ihrer zu entledigen: Einer aufdringlichen Werbedurchsage in einem Ladengeschäft kann man sich leichter entziehen (nämlich durch Verlassen) als im Flugzeug.

- Gefahr der Summierung der Belästigung,

So ist auch zu berücksichtigen, ob damit zu rechnen ist, dass auch Mitbewerber diese Art der Werbung anwenden und das Ausmaß einer für sich genommen geringen Belästigung in Summe das Zumutbare überschreitet.

Die Berücksichtigung der verschiedenen Kriterien wird am Beispiel der Werbung für Grabsteine deutlich.

Beispiel: Am 31.10.2020 ist Jens Christos verstorben, was am 03.11.2020 in einer Regionalzeitung bekannt gemacht wurde. Steinmetz Steiner nimmt dies zum Anlass, in einem sachlich gehaltenen Werbeschreiben auf seine Leistungen hinzuweisen. Das Schreiben geht den Angehörigen von Jens Christos am 20.11.2020 zu. Als der Mitbewerber Grabler davon erfährt, erbittet er zwei Auskünfte:

1. Handelt es sich bei diesem Werbeschreiben um eine unzumutbare Belästigung?

2. Darf Grabler im April 2021 den Angehörigen einen Besuch abstatten, bei dem er auf seine Leistungen hinweist?

Zu klären ist, ob das **Werbeschreiben** eine unzumutbare Belästigung darstellt. Werbeschreiben für Grabsteine kurz nach einem Todesfall sind geeignet, die Gefühle der Hinterbliebenen zu verletzen, da diese es als pietätlos empfinden, wenn unmittelbar nach dem Verlust eines nahen Angehörigen der Trauerfall zum Gegenstand geschäftlicher Bemühungen gemacht wird. Daher gebietet es die Achtung der Intimsphäre, mit einer Grabsteinwerbung so lange zu warten, bis die Bestattungs- und Trauerfeierlichkeiten üblicherweise durchgeführt worden sind und die Hinterbliebenen sich ohnehin den durch den Trauerfall veranlassten Angelegenheiten zuwenden. Nach einem Zeitraum von zwei Wochen dürften diese Voraussetzungen erfüllt sein.

Bei der Frage der **Zulässigkeit des Hausbesuchs** zum Zwecke der Werbung für einen Grabstein lassen sich die o.g. Kriterien heranziehen.

Die *Intensität* eines Hausbesuchs ist als sehr hoch anzusehen. Verstärkt wird die Intensität dadurch, dass die angesprochenen Personen als Hinterbliebene im Allgemeinen einer persönlichen Ansprache durch einen Vertreter nicht kritisch abwägend gegenüberstehen. Sie werden einem Drängen des Vertreters wegen ihrer besonderen seelischen Verfassung weniger Widerstand entgegensetzen, als das im üblichen Alltagsablauf sonst bei ihnen der Fall ist. Der Gegenstand der Werbung verstärkt dies noch. So beruht die Entscheidung, ob überhaupt ein Grabstein gesetzt werden soll, nicht auf nüchternen, wirtschaftlichen Gründen, sondern auf Überlieferung, Dankbarkeit, Bewahren der Erinnerung, eben auf Gefühlen und Pietät, die sich nicht kaufmännisch rational erklären lassen.

Zudem besteht die Gefahr für die Hinterbliebenen, durch einen das Traditionsgefühl ansprechenden Gewissensappell zu einer Entscheidung genötigt zu werden, welche sie aus freier Entschließung unter Umständen nie getroffen haben würden, nun aber, weil sie sich nicht mit weithin üblichen Auffassungen in Widerspruch setzen wollen, zustimmen.

Schonenderes Vorgehen ist für den Unternehmer ohne weiteres möglich, etwa durch Briefkastenwerbung, die dem Adressaten die Möglichkeit zur Kontaktaufnahme gibt.

Die *Ausweichmöglichkeiten* der Hinterbliebenen sind gering. Aus den oben genannten Gründen befinden sie sich in einer Ausnahmesituation, in der bereits das Abweisen des Besuchers als dem Verstorbenen gegenüber unangemessen betrachtet werden kann.

Schließlich stellt sich die Frage, wie es sich auswirkt, dass der Besuch erst ca. ein halbes Jahr nach dem Trauerfall stattfinden soll. Es ist zwar damit zu rechnen, dass die Bestattungs- und Trauerfeierlichkeiten nach diesem Zeitraum bereits vorüber sind und die Hinterbliebenen den ersten

Schock überwunden haben. Dennoch bleibt ein solcher Vertreterbesuch unzulässig. Denn angesichts der Wirkungen, die ein solcher Besuch auf die Hinterbliebenen hat, ist auch nach Ablauf einer Zeitspanne damit zu rechnen, dass die Widerstände gegen das Angebot des Werbenden sehr gering sind und eine hohe Wahrscheinlichkeit besteht, dass der Besucher den Auftrag bekommt. Dann aber besteht für die Mitbewerber die Veranlassung, in der gleichen Weise aufzutreten, da andernfalls die Gefahr besteht, gar keine Aufträge mehr zu bekommen. Dieser *Gefahr des massierten Vorkommens von Vertreterbesuchen* kann nur durch ein zeitunabhängiges Verbot von Vertreterbesuchen zum Zwecke der Grabsteinwerbung begegnet werden. Nicht zuletzt bleibt die Entscheidung hinsichtlich eines Grabsteins eine höchstpersönliche, die von Dritten, die nur aus wirtschaftlichem Gewinnstreben handeln, nicht durch einen Appell an ideelle Gründe beeinflusst sein soll (vgl. zum Ganzen bereits BVerfG, 8.2.1972, 1 BvR 170/71).

Konkretisiert wird die Grundregel des § 7 Abs. 1 S. 1 UWG durch S. 2, wonach eine unzumutbare Belästigung bei Werbung gegeben ist, die der Empfänger erkennbar nicht wünscht. Dafür muss der Empfänger seinen entgegenstehenden Willen so deutlich zum Ausdruck gebracht haben, dass der Werbende bei Beachtung der im Verkehr erforderlichen Sorgfalt diesen erkennen konnte.

Beispiele: Die Eintragung in die sog. Robinson-Liste, bei der es sich um eine Liste (bzw. mehrere für unterschiedliche Werbeformen) handelt, in der die Kontaktdaten von Personen enthalten sind, die keine unaufgeforderte Werbung erhalten wollen. Sie werden betrieben u.a. von den Branchenverbänden der Direkt-Marketing-Unternehmen, welche sich wiederum verpflichten, dem Wunsch der Eingetragenen nachzukommen. Weiteres Beispiel ist der Briefkastenaufkleber mit „Keine Werbung einwerfen".

Noch nicht abschließend geklärt (aber wohl zu verneinen) ist die Frage, ob die im Vorspann eines Kinofilms laufende Werbung unzumutbar belästigend ist. Der Konsument kann sich dieser nämlich wegen der uneinheitlichen Länge nicht entziehen. Aber selbst wenn der tatsächliche Filmbeginn bekannt wäre, droht ihm dann, einen schlechten Platz akzeptieren zu müssen.

2. Stets unzumutbar belästigend

Ohne dass es einer weiteren Zumutbarkeitsprüfung bedarf, ist eine unzumutbare Belästigung in den Fällen des § 7 Abs. 2 UWG anzunehmen.

§ 7 Abs. 2 Nr. 1 UWG betrifft die Konstellationen, in denen ein Verbraucher durch Werbung hartnäckig angesprochen wird, obwohl er dies erkennbar nicht wünscht. Als Werbemedium kommen hier insbesondere Prospekte, Briefe und Kataloge in Betracht, während Anrufe, E-Mails etc. nach Nr. 2, 3 zu beurteilen sind. Unter „hartnäckigem" Ansprechen ist das wiederholte Ansprechen zu verstehen.

Nach § 7 Abs. 2 Nr. 2 UWG ist es unzulässig, ohne vorherige Einwilligung mit einem Telefonanruf zu werben. Die Vorschrift unterscheidet zwischen Verbrauchern, bei denen die Einwilligung vorher ausdrücklich erteilt worden sein muss, und sonstigen Marktteilnehmern, bei denen eine mutmaßliche Einwilligung genügt.

Bei Anrufen gegenüber Verbrauchern stellt sich die Frage, ob eine Einwilligung in AGB wirksam ist. In Teilen der Rechtsprechung wird dies wegen eines Verstoßes gegen § 307 BGB (unangemessene Benachteiligung, Transparenzgebot) verneint. Problematisch an dieser Auffassung ist, dass damit die Telefonwerbung einem nahezu vollständigen Verbot unterliegen würde, was der Gesetzgeber – angesichts der Einwilligungsmöglichkeit – erkennbar nicht gewollt hat. Vorzugswürdig ist der Vorschlag, danach zu differenzieren, ob der Verbraucher mit der Verweigerung der Einwilligung die gesamten AGB ablehnen müsste (dann unwirksame Klausel) oder ob er die Möglichkeit hat, die Einwilligung „isoliert" zu verweigern (dann wirksam).
Jedenfalls ist die Einwilligung nur wirksam, wenn sie in Kenntnis der Sachlage und für den konkreten Fall erklärt wird. Der Verbraucher muss also hinreichend auf die Möglichkeit des Werbeanrufs hingewiesen werden und wissen, auf welche Art von Maßnahmen und auf welche Unternehmen sich die Einwilligung bezieht (BGH, 25.10.2012, I ZR 169/10, WRP 2013, 767).
Unwirksam ist die Einwilligung daher, wenn die Gestaltung der Erklärung darauf angelegt ist, den Verbraucher mit einem aufwändigen Verfahren der Abwahl von in einer Liste aufgeführten Partnerunternehmen zu konfrontieren, um ihn zu veranlassen, von der Ausübung dieser Wahl Abstand zu nehmen und stattdessen der Beklagten die Wahl der Werbepartner zu überlassen (zu einem Internet-Gewinnspiel BGH, 28.5.2020, I ZR 7/16, WRP 2020, 1009).

Für die Zulässigkeit eines Werbeanrufs gegenüber sonstigen Marktteilnehmern genügt neben der ausdrücklichen auch eine mutmaßliche Einwilligung. Eine solche liegt vor, wenn aufgrund konkreter Umstände ein sachliches Interesse des Anzurufenden am Anruf durch den Anrufer vermutet werden kann. Das Vorliegen einer mutmaßlichen Einwilligung ist anhand der Umstände vor dem Anruf sowie anhand der Art und des Inhalts der Werbung festzustellen. Es kommt darauf an, ob ein konkreter, aus dem Interessenbereich des Anzurufenden herzuleitender Grund vorliegt, der die Werbung rechtfertigen könnte.

§ 7 Abs. 2 Nr. 3 UWG besagt, dass eine Werbung insbesondere per Telefax oder E-Mail unzulässig ist, wenn eine vorherige ausdrückliche Einwilligung des Adressaten fehlt.

Angesichts der mit der Telefaxwerbung für den Empfänger verbundenen Kosten (Strom, Toner, Papier) und der Blockierung des Geräts für das Senden und Empfangen wichtiger Nachrichten sowie des zeitaufwendigen Aussortierens unerwünschter E-Mails stellt das Gesetz hier strenge Anforderungen an die Zulässigkeit.

Beispiel: Es ist unzulässig, wenn ein Unternehmen auf seiner Internetseite die Möglichkeit für Nutzer schafft, Dritten unverlangt eine sog. Empfehlungs-E-Mail zu senden, die das Angebot der Internetseite bewerben (BGH, 12.9.2013, I ZR 208/12, GRUR 2013, 1259).

Ebenfalls unzulässig ist die Option „Freunde finden" bei Facebook, bei welcher der Nutzer veranlasst wird, sein E-Mail-Adressbuch in den Datenbestand von Facebook zu importieren, mit der Folge, dass automatische Einladungs-E-Mails an bisher nicht registrierte Personen verschickt werden (BGH, 14.1.2016, I ZR 65/14, WRP 2016, 958).

Für Verbraucher und sonstige Marktteilnehmer gilt gleichermaßen, dass eine ausdrückliche Einwilligung erforderlich ist. Eine Ausnahme hiervon enthält § 7 Abs. 3 UWG für die E-Mail-Werbung. Diese ist nämlich dann zulässig, wenn der Unternehmer die E-Mail-Adresse im Zusammenhang mit dem Verkauf eines Produkts erhalten hat, diese zur Direktwerbung für eigene ähnliche Produkte verwendet, der Kunde der Verwendung nicht widersprochen hat und der Kunde bei der Erhebung sowie bei jeder Verwendung klar und deutlich darauf hingewiesen wird, dass er der Verwendung jederzeit widersprechen kann.

Die hier für die E-Mail-Werbung dargestellten Grundsätze gelten auch für die Werbung per SMS bzw. MMS.

Wer mit Nachrichten wirbt, bei denen die Identität des Absendenden verschleiert wird, handelt unzulässig nach § 7 Abs. 2 Nr. 4 a) UWG.

3. Ansprechen in der Öffentlichkeit zu Werbezwecken

Auch das Ansprechen in der Öffentlichkeit kann unzumutbar belästigend und damit unzulässig sein.

Daran ändert auch nichts, dass bei Verträgen, die in solchen Konstellationen abgeschlossenen worden, ein Widerrufsrecht gem. § 312 Abs. 1 Nr. 3 BGB besteht.

Unter dem „Ansprechen" ist die gezielte und individuelle Ansprache zu sehen, die letztlich auf den Erwerb eines Produkts gerichtet sein muss.

Beispiel: Der Mitarbeiter eines Blumenhändlers fragt die Gäste eines Eiscafés Tisch für Tisch, ob sie eine Rose kaufen möchten.
Ohne weiteres unzulässig ist eine solche Ansprache wegen des Eingriffs in die Individualsphäre, wenn sie sich nicht durch bloßes Ignorieren abwehren lässt.

Beispiel: Der Werbende wendet sich einem Passanten zu, ohne dass diesem der Werbezweck eindeutig als solcher erkennbar ist, weil er mit einer solchen Kontaktaufnahme nicht gerechnet hat.
Der Werber muss also ein klares optisches Signal aussenden, welches dem Passanten auf den ersten Blick eine mögliche Werbeansprache anzeigt. Ein in der Nähe stehender Werbestand ist insoweit unbeachtlich, es sei denn, der Werbende steht hinter dem Stand und spricht von dort aus die Passanten an.

Ein Sonderfall des Ansprechens in der Öffentlichkeit besteht mit dem Ansprechen von Verkehrsunfallbeteiligten am Unfallort, etwa zum Abschluss eines Reparaturauftrags, eines Auto-Mietvertrags etc.

Ein derartiges Verhalten ist ausnahmslos unzulässig. Neben den auch für § 4a Abs. 2 Nr. 3 UWG relevanten Kriterien wie der psychischen und emotionalen Ausnahmesituation, in welcher bestimmten Angeboten nicht mit der üblichen und gebotenen Übersicht und Kritik begegnet wird, droht hier eine unzumutbare Belästigung insbesondere aufgrund der Nachahmungsgefahr. Denn wäre ein solches Verhalten nicht allgemein unzulässig, wären die Unternehmer animiert, ihre Geschäfte auf diese Weise zu fördern. Um dann aber nicht ganz vom Wettbewerb z.B. für

Abschleppleistungen ausgeschlossen zu sein, müssten selbst diejenigen Unternehmer zu solchen Maßnahmen greifen, die sie eigentlich ablehnen. Den Interessen der Unternehmer wie auch der Unfallbeteiligten wird dadurch Rechnung getragen, dass es zulässig ist, in angemessener Entfernung zu warten und dem Betroffenen selbst die Initiative zu überlassen, ob er Kontakt aufnimmt oder nicht.

C. Wettbewerbsverfahrensrecht

Nachdem geklärt wurde, unter welchen Voraussetzungen geschäftliche Handlungen unzulässig sind, geht es im Wettbewerbsverfahrensrecht darum, wie nach einem Verstoß gegen diesen vorgegangen werden kann.

Die Rechtsfolgen eines Wettbewerbsverstoßes sind in §§ 8-10 UWG geregelt: So drohen dem gegen das UWG verstoßenden Unternehmer die Geltendmachung von Unterlassungs-/Beseitigungsansprüchen, von Schadensersatzansprüchen sowie eine Abschöpfung des durch die unzulässige geschäftliche Handlung erzielten Gewinns.

Besonderheiten für die Durchsetzung des Unterlassungsanspruchs enthält § 13 UWG.

Die beiden Absätze in § 16 UWG enthalten Tatbestände strafbaren Handelns; über § 20 UWG besteht die Möglichkeit, Verstöße gegen § 7 Abs. 2 Nr. 2 oder Nr. 3 UWG (Verbot des Werbeanrufs ohne ausdrückliche Einwilligung des Verbrauchers) mit einem Bußgeld zu ahnden.

I. Unterlassungs- /Beseitigungsanspruch

Der mit Abstand wichtigste Anspruch, dem sich ein UWG-Verletzer ausgesetzt sehen kann, ist der Unterlassungsanspruch. Dauert ein in der Vergangenheit begonnener Wettbewerbsverstoß noch an und droht sein Fortwirken in der Zukunft, wenn die Störungsquelle nicht behoben wird, besteht ein Anspruch auf Beseitigung der Störung.

Beispiel: Ein irreführendes Werbeplakat hängt im Schaufenster. Mit dem Unterlassungsanspruch wird der Unternehmer verpflichtet, ein solches Plakat nicht mehr aufzuhängen. Der Beseitigungsanspruch erfasst die Herausnahme des Plakats. Wie hier deutlich wird, ist ein klare Grenzziehung zwischen beiden Ansprüchen nur schwer möglich.

1. Unterlassungsanspruch

Dass wettbewerbswidrige Handlungen zu unterlassen sind, ergibt sich bereits aus deren Unzulässigkeit. Dennoch kommt es – das zeigt die Praxis – häufig zu Wettbewerbsverstößen. Mit einem Verstoß gegen das UWG zeigt ein Unternehmen, dass das allgemeine Verbot insoweit wirkungslos war. Die erfolgreiche Geltendmachung eines Unterlassungsanspruchs führt dann dazu, dass bei einem erneuten Verstoß die Zahlung einer Vertragsstrafe oder eines Ordnungsgelds droht.

a) Voraussetzungen

Die Voraussetzungen für den Unterlassungsanspruch ergeben sich aus § 8 Abs. 1 UWG. Zunächst muss eine nach § 3 oder § 7 UWG unzulässige geschäftliche Handlung vorliegen. Dazu kommen muss das Vorliegen der Gefahr, dass sich der Verstoß wiederholt (Wiederholungsgefahr).

Dabei muss nicht die Wiederholung des identischen Verstoßes drohen, sondern es genügen auch alle im Kern gleichartigen Verletzungshandlungen. Mit der hier beschriebenen Wiederholungsgefahr ist die ernstliche und greifbare Möglichkeit eines erneuten Verstoßes gemeint.

Ein begangener Wettbewerbsverstoß begründet eine Vermutung für das Bestehen der Wiederholungsgefahr. Die Wiederholungsgefahr kann aber ausgeräumt werden, um einer gerichtlichen Geltendmachung des Unterlassungsanspruchs und Verurteilung zu entgehen. Dafür muss sich der Verletzer vertraglich verpflichten, solche Verstöße zukünftig zu unterlassen (sog. Unterwerfungserklärung, näher dazu unter *Abmahnung).*

Ausnahmsweise kann, wie § 8 Abs. 1 S. 2 UWG klarstellt, eine Erstbegehungsgefahr genügen; man spricht dann von einer vorbeugenden Unterlassungsklage. Erstbegehungsgefahr ist die ernstlich drohende, unmittelbar oder in naher Zukunft bestehende Gefahr einer Zuwiderhandlung. Sie wird nicht vermutet und ist daher vom Kläger zu beweisen.

Beispiel: Unternehmer U rühmt sich in der Presse, dass er demnächst mit einem revolutionären Marketingkonzept, bei dem Verbraucher-Werbung in redaktionellen Texten versteckt werden soll, den Markt begeistern wird. Dies genügt für eine Erstbegehungsgefahr wegen des drohenden Verstoßes gegen § 5a Abs. 6 UWG.

Um die Erstbegehungsgefahr entfallen zu lassen, genügt die eindeutige Erklärung, die fragliche Handlung in Zukunft nicht vorzunehmen.

b) Geltendmachung

Es gibt zwei Möglichkeiten, den Unterlassungsanspruch geltend zu machen:
1. die Abmahnung, verbunden mit der Aufforderung, sich dazu zu verpflichten, den Verstoß nicht zu wiederholen zum einen,
2. ein gerichtliches Vorgehen zum anderen.

aa) Abmahnung

Nach § 13 Abs. 1 UWG soll der Verletzer vor Einleitung eines gerichtlichen Verfahrens abgemahnt und ihm die Gelegenheit gegeben werden, den Streit durch Abgabe einer strafbewehrten Unterlassungsverpflichtung beizulegen. Zu diesem Vorgehen besteht zwar keine Rechtspflicht, so dass auch eine Klage zulässig und begründet sein kann, wenn es an einer Abmahnung fehlt.

Vielmehr drohen Nachteile im Hinblick auf die Prozesskosten, wenn ohne Abmahnung geklagt wird. So hat der Beklagte die Möglichkeit, den Anspruch sofort anzuerkennen (etwa wenn er die Rechtswidrigkeit einsieht). In einem solchen Fall trägt der Kläger nach § 93 ZPO die Verfahrenskosten, wenn der Beklagte keinen Anlass zur Klageerhebung gegeben hat. Im wettbewerbsrechtlichen Verfahren besteht ein solcher Anlass grundsätzlich erst, wenn die Abgabe einer strafbewährten Unterlassungsverpflichtung abgelehnt wird.

Um die Wiederholungsgefahr auszuräumen, muss sich der Abgemahnte also verpflichten, diesen Verstoß (bzw. im Kern gleichartige Verstöße) nicht erneut zu begehen. Um dieser Verpflichtung auch eine tatsächliche Wirkung beizumessen (denn das Verbot ergibt sich ja bereits aus dem Gesetz), muss der Abgemahnte für den Fall der Zuwiderhandlung gegen die Verpflichtung die Zahlung einer nach § 13a UWG angemessenen Vertragsstrafe an den Abmahnenden versprechen.

Entweder er verspricht eine feste Vertragsstrafe, z.b. für jeden Verstoß 5.000 Euro oder er überlässt die Festsetzung der Vertragsstrafe dem Abmahnenden nach einer Zuwiderhandlung. Hält der Abgemahnte diesen Betrag dann für zu hoch, muss der Anspruchsinhaber klagen und das Gericht überprüft die Angemessenheit der Vertragsstrafe anhand der Umstände des Einzelfalls (sog. Hamburger Brauch).

Wiederholt der Abgemahnte diesen Verstoß, ist die Vertragsstrafe verwirkt. Weicht der (neue) Verstoß von dem ursprünglichen Verstoß ab, ist die Vertragsstrafe dann zu zahlen, wenn es ein im Kern gleichartiger Verstoß ist.

Beispiel: Der Verletzer verpflichtet sich, es zu unterlassen, für eine „Zauberkugel" mit den Worten „Spart Waschmittel" zu werben. Veröffentlicht er nun auf seiner Internetseite mehrere Kundenbewertungen mit Formulierungen wie „Ich brauche weniger Waschmittel", „Funktioniert wirklich...benötige geringere Waschmittelmenge und spare Geld", verstößt er gegen die Vereinbarung und muss die Vertragsstrafe zahlen (vgl. OLG Köln, 24.5.2017, 6 U 161/16).

Angesichts der vertraglichen Bindung gelten u. a. die Regeln des Schuldrechts, dabei insbesondere § 278 BGB. Hiernach haftet ein Schuldner nicht nur für eigenes Verhalten, sondern auch für das seiner Erfüllungsgehilfen. Das mag manchen Unternehmer dazu veranlassen, lieber eine gerichtliche Verurteilung in Kauf zu nehmen als eine Unterlassungsverpflichtung abzugeben.

bb) Klage

Kommt es nicht zu einer Ausräumung der Wiederholungsgefahr, kann der Unterlassungsanspruch auch klageweise geltend gemacht werden.

Bei einer Verurteilung zum Unterlassen droht im Falle einer Zuwiderhandlung eine Vollstreckung nach § 890 ZPO, wonach ein Ordnungsgeld an die Staatskasse zu zahlen ist (in seltenen Fällen kommt auch Ordnungshaft in Betracht).

§ 890 ZPO knüpft allein an das Verschulden des Verurteilten an; eine Haftung für Erfüllungsgehilfen besteht nicht.
Eine Besonderheit besteht im Hinblick auf die Zuständigkeit der Gerichte: So sind nach § 14 Abs. 3 UWG die Landesregierungen ermächtigt, für die Bezirke mehrerer Landgerichte eines von ihnen

als Gericht für Wettbewerbsstreitsachen zu bestimmen. Möglich ist sogar, die Zuständigkeit bundeslandübergreifend zu regeln (was allerdings einen Staatsvertrag voraussetzt).

Damit wird eine gewisse Spezialisierung erreicht. Angesichts der im Detail schwierigen Fragen des Wettbewerbsrechts bietet es sich an, sie der Entscheidung von Richtern zu unterwerfen, die regelmäßig mit Verfahren aus diesem Rechtsgebiet zu tun haben.

cc) Einstweiliger Rechtsschutz

Häufig müssen Wettbewerbsverstöße wegen drohender Schadensfolgen für die Mitbewerber, aber auch für die Allgemeinheit, rasch unterbunden werden. Denn der Anspruch eines Konkurrenten wäre weitgehend entwertet, wenn ein andauernder Wettbewerbsverstoß erst nach Monaten oder Jahren untersagt werden könnte.

Um das Vorgehen mit einer einstweiligen Verfügung zu erleichtern, wurde mit § 12 Abs. 1 UWG eine Regelung geschaffen, wonach bei Wettbewerbsverstößen die Eilbedürftigkeit eines Unterlassungsbegehrens vermutet wird. Der Kläger muss daher „nur" noch das Bestehen eines Verfügungsanspruchs, also des Unterlassungsanspruchs geltend machen.

Das einstweilige Verfügungsverfahren ist beschleunigt und vereinfacht; das Gericht unternimmt nur eine summarische Prüfung. Anders als im Hauptsacheverfahren muss der Kläger seine Angaben nur glaubhaft machen, nicht aber beweisen. Das Gericht kann eine einstweilige Verfügung sogar durch Beschluss erlassen, ohne den Gegner anzuhören. Damit trägt die Entscheidung in erhöhtem Maße das Risiko der Unrichtigkeit in sich.

Derjenige, der sich zu Unrecht einer einstweiligen Verfügung beugen muss, kann dann wegen der ungerechtfertigten Entscheidung nach § 945 ZPO Schadensersatz vom Kläger verlangen. Da die Untersagung einer Werbung durchaus beachtliche Schäden hervorrufen kann, ist das Verfahren der einstweiligen Verfügung für den Kläger risikobehaftet.

2. Anspruchsberechtigung

Wer die Ansprüche auf Unterlassung und Beseitigung geltend machen kann, ist in § 8 Abs. 3 UWG geregelt.

a) Zweck der Anspruchs-/Gläubigermehrheit

Anspruchsberechtigt sind neben den Mitbewerbern auch verschiedene Verbände, qualifizierte Einrichtungen und Kammern. Deren Anspruchsberechtigung beruht darauf, dass zahlreiche Mitbewerber aus verschiedenen Gründen keine Wettbewerbsprozesse führen, etwa weil sie Kostenrisiken oder den sonstigen mit einer Prozessführung verbundenen Aufwand scheuen. Zudem macht die Klagebefugnis der Verbände etc. die Durchsetzung des Lauterkeitsrechts durch eine Behörde entbehrlich.

Seit jeher waren alle – nicht nur der unmittelbar verletzte - Mitbewerber zur Verfolgung von Verstößen, die sich gegen die Gesamtheit der Mitbewerber richten, befugt. Erst ab Mitte der 1960er Jahre wurde die Klagebefugnis der Mitbewerber und gewerblichen Interessenverbände ausgedehnt auf bestimmte Verbraucherverbände. Der einzelne Verbraucher ist hingegen nicht anspruchsberechtigt. Begründet wird dies damit, dass er über seine Rechte aus dem BGB (Anfechtung, Gewährleistung, etc.) hinreichend geschützt ist. Unumstritten ist dies allerdings nicht.

b) Kreis der Anspruchsberechtigten gem. § 8 Abs. 3 UWG

Nach § 8 Abs. 3 Nr. 1 UWG stehen die Ansprüche jedem Mitbewerber zu, der Waren oder Dienstleistungen in nicht unerheblichem Maße und nicht nur gelegentlich vertreibt oder nachfragt. Wer Mitbewerber ist, ergibt sich aus § 2 Abs. 1 Nr. 3 UWG und den Ausführungen dazu oben.

Für Verbände zur Förderung gewerblicher oder selbstständiger beruflicher Interessen enthält § 8 Abs. 3 Nr. 2 UWG die Anspruchsberechtigung unter der Voraussetzung, dass diese in die Liste gem. § 8a UWG beim Bundesamt der Justiz eingetragen sind.

Beispiele: Die „Zentrale zur Bekämpfung des unlauteren Wettbewerbs e.v." (Wettbewerbszentrale) und der „Deutsche Schutzverband gegen Wirtschaftskriminalität e.v.".

Das setzt weiterhin voraus, dass dem Verband eine erhebliche Zahl von Gewerbetreibenden angehört. Nach der Gesetzesbegründung muss es sich um eine „für das Wettbewerbsgeschehen auf dem Markt repräsentative Anzahl von Mitbewerbern aus der betroffenen Branche" handeln. Für die Zugehörigkeit einer erheblichen Zahl kann es genügen, wenn diese mittelbar gegeben ist, z.B. über die Zugehörigkeit zu einem anderen Verband, der selbst Mitglied im klagenden Verband ist.

Weiterhin muss die Zuwiderhandlung die Interessen der Mitglieder berühren.

Die weiteren Tatbestandsmerkmale ergeben sich unmittelbar aus dem Gesetz.

Qualifizierte Einrichtungen zum Schutz von Verbraucherinteressen sind klagebefugt gem. § 8 Abs. 3 Nr. 3 UWG. Formelle Voraussetzung ist hier die Eintragung in die auch beim Bundesamt der Justiz nach § 4 Abs. 1 S. 1 UKlaG geführte Liste qualifizierter Einrichtungen.

Beispiele: Die Verbraucherzentralen und Mietervereine. Besondere Bedeutung haben die Verbraucherzentralen bzw. deren Bundesverband für Klagen gegen AGB-Klauseln, durch welche Verbraucher benachteiligt werden.

Schließlich sind die Industrie- und Handelskammern sowie die Handwerkskammern nach § 8 Abs. 3 Nr. 4 UWG klagebefugt.

c) Einschränkung der Anspruchsberechtigung bei bestimmten Fallgruppen?

Obwohl der Wortlaut des § 8 Abs. 3 UWG eindeutig erscheint, wird diskutiert, ob für einzelne Fallgruppen die Anspruchsberechtigung auf den unmittelbar betroffenen Mitbewerber zu beschränken ist.

Beispiele: Unternehmer U veröffentlicht eine gegen § 4 Nr. 1 UWG verstoßende herabsetzende Werbung. Hier stellt sich die Frage, ob nur der herabgesetzte Mitbewerber M, oder auch ein anderer Mitbewerber bzw. Verband Unterlassungsansprüche geltend machen kann.

Plagiator P bringt eine Nachahmung eines berühmten Produkts des Originalherstellers O auf den Markt. Verstößt dies gegen § 4 Nr. 3 c) UWG, weil P die Konstruktionszeichnungen unlauter erlangt hat, stellt sich die gleiche Frage.

Teilweise wird eine Einschränkung der Anspruchsberechtigung abgelehnt, da es hierfür an einem Anknüpfungspunkt im Gesetz fehle. Eine zu starke Ausdehnung der Anspruchsberechtigung drohe nicht, da stets Interessen der Verbandsmitglieder berührt sein müssen.

Dem wird entgegen gehalten, dass der Normzweck des § 8 Abs. 3 UWG eine Einschränkung gebiete. Soweit Verbraucherinteressen nicht betroffen sind, soll eine Einschränkung auf den unmittelbar betroffenen Mitbewerber erfolgen.

So kann ein Unternehmer durchaus daran interessiert sein, dass eine gegen ihn gerichtete Herabsetzung nicht zum Gegenstand eines (außer-) gerichtlichen Verfahrens gemacht wird. Denn die damit einhergehende mediale Aufmerksamkeit kann dem Unternehmer mehr schaden als die herabsetzende Werbung selbst. Auch das Risiko der unzureichenden Prozessführung durch den klagenden Verband ist zu berücksichtigen: So kann es zu einer für den Betroffenen ungünstigen Entscheidung kommen, gegen die ihm keine Rechtsmittel zustehen.

Nach hier vertretener Auffassung kommt eine Einschränkung v.a. in den Fällen des § 4 Nr. 1, 2, 3 b), c), 4 UWG in Betracht.

Das gilt auch für die entsprechenden Fallgruppen der vergleichenden Werbung in § 6 Abs. 2 Nr. 4-6 UWG.

3. Anspruchsgegner

Dass der Unterlassungsanspruch gegen den handelnden Unternehmer, sei es ein Einzelunternehmer oder eine Gesellschaft, geltend gemacht werden kann, versteht sich von selbst.

Der lange Jahre geübten Praxis, neben der Gesellschaft auch gegen einzelne oder sämtliche organschaftliche Vertreter der Gesellschaft vorzugehen, hat der BGH ein Ende bereitet.

Nach der *neueren* Rechtsprechung haftet ein Geschäftsführer nur dann persönlich für unlautere Wettbewerbshandlungen der von ihm vertretenen Gesellschaft, wenn er daran aktiv beteiligt war oder sie aufgrund einer

Garantenstellung hätte verhindern müssen. Allein aus der Organstellung folgt keine Verpflichtung des Geschäftsführers gegenüber außenstehenden Dritten, Wettbewerbsverstöße der Gesellschaft zu verhindern (BGH, 18.6.2014, I ZR 242/12, GRUR 2014, 883). Eine Haftung auf Schadensersatz kommt dagegen nur in Betracht, wenn der Geschäftsführer als Täter oder Teilnehmer für die Rechtsverletzung einzustehen hat, die die von ihm vertretene Gesellschaft begangen hat. Täterschaft kann angenommen werden, wenn die Maßnahme der Gesellschaft typischerweise auf Geschäftsführerebene entschieden wird (BGH, 26.7.2018, I ZR 226/14, WRP 2019, 82).

Nach der *früheren* Auffassung haftete ein Organ auch dann, wenn es von den Wettbewerbsverstößen der Gesellschaft Kenntnis hatte und es unterlassen hat, sie zu verhindern. Ob das Organ das wettbewerbswidrige Verhalten selbst veranlasst hat, war unerheblich.

Unternehmen müssen auch für das Handeln ihrer Mitarbeiter einstehen, wenn diese wettbewerbswidrig handeln.

Beispiel: Ein Mitarbeiter der Telekom sucht Kunden der Konkurrenz auf, um diese mit wahrheitswidrigen Angaben zu einem Wechsel zur Telekom zu bewegen. Nach einer Unterlassungsvereinbarung muss die Telekom damit rechnen, im Wiederholungsfall auf eine Vertragsstrafe in Anspruch genommen zu werden.

Übernimmt der Betreiber eines Bewertungsportals Äußerungen von Nutzern und macht sie sich inhaltlich zu eigen (z.B. indem er selbständig entscheidet, was er abändert, entfernt oder beibehält), haftet er für eine durch die Äußerung begangene Rechtsverletzung als unmittelbarer Störer.

Dies hat der BGH für eine Persönlichkeitsrechtsverletzung durch falsche Tatsachenbehauptung entschieden (BGH, 4.4.2017, VI ZR 123/16, GRUR 2017, 844); dies lässt sich auf das Wettbewerbsrecht übertragen.

4. Vermeidung missbräuchlicher Geltendmachung

Gem. § 8b Abs. 1 UWG ist die Geltendmachung von Unterlassungsansprüchen unzulässig, wenn sie unter Berücksichtigung der gesamten Umstände missbräuchlich erfolgt. Ein Missbrauch liegt insbesondere dann vor, wenn es in erster Linie darum geht, gegen den Zuwiderhandelnden einen Anspruch auf Ersatz der Anwaltskosten entstehen zu lassen. Einen Beispielskatalog missbräuchlicher Abmahnungen enthält § 8b Abs. 2 UWG.

Die Vorschrift soll damit u.a. verhindern, dass sich Anwälte mit Gewerbetreibenden „verbünden", um Wettbewerbsverstöße abzumahnen und durch die Anwaltskosten daran zu verdienen.

Die Kosten, die zur Verteidigung gegen eine missbräuchliche Abmahnung entstehen, kann der Abgemahnte nach § 8b Abs. 3 UWG vom Abmahnenden ersetzt verlangen.

Zur Vermeidung von gleichlautenden („Massen-)Abmahnungen regelt § 13 Abs. 2 UWG die inhaltlichen Vorgaben an eine Abmahnung. Nur wenn diese erfüllt sind, kann der Abmahnende gem. § 13 Abs. 3 UWG vom Abgemahnten Ersatz der erforderlichen Aufwendungen verlangen.

Ganz ausgeschlossen ist der Aufwendungsersatzanspruch, wenn die Abmahnung durch eine qualifizierte Einrichtung gem. § 8 Abs. 3 Nr. 3 UWG erfolgt und sich gegen Verstöße gegen gesetzliche Informations- und Kennzeichnungspflichten u.a. im Internet oder gegen Datenschutzverstöße von Kleinst- und Kleinunternehmen richtet.

II. Schadensersatzanspruch

Nach § 9 S. 1 UWG ist zum Schadensersatz verpflichtet, wer vorsätzlich oder fahrlässig eine nach § 3 oder § 7 UWG unzulässige geschäftliche Handlung vornimmt.
In der Praxis erfährt dieser Anspruch jedoch ein Schattendasein, da es selten gelingt, einen kausalen Schaden nachzuweisen. Denn die Schwierigkeit besteht darin, nachzuweisen, wie sich die geschäftliche Entwicklung zugetragen hätte, wenn der Wettbewerbsverstoß nicht begangen worden wäre. Dies gilt trotz der Vermutung des § 252 BGB (entgangener Gewinn) und der eine Schätzung zulassenden Vorschrift des § 287 ZPO. Jedenfalls muss das Gericht, wenn nicht sämtliche Anhaltspunkte für eine Schätzung fehlen, einen Mindestschaden schätzen.

1. Voraussetzungen

Der Schadensersatzanspruch setzt zunächst eine Zuwiderhandlung gegen § 3 oder § 7 UWG voraus.

Der Anspruch ist – anders als der Unterlassungs-/Beseitigungsanspruch – vom Verschulden des Handelnden abhängig. Dieser muss also vorsätzlich oder fahrlässig gehandelt haben. An die Sorgfalt, die der Bestimmung der Fahrlässigkeit zugrunde zu legen ist, sind im Wettbewerbsrecht strenge Anforderungen zu stellen. Es handelt sich um einen objektiven Maßstab; auch eingerissene Unsitten im geschäftlichen Verkehr können den Fahrlässigkeitsvorwurf nicht beseitigen.

In der Praxis eine bedeutende Rolle spielt der Rechtsirrtum. Dieser schließt (nur) dann das Verschulden aus, wenn der Irrende bei Anwendung der im Verkehr erforderlichen Sorgfalt mit einer anderen Beurteilung der Gerichte nicht zu rechnen brauchte.
Hier wird regelmäßig ein strenger Maßstab angelegt, denn der Verletzer soll das Risiko einer zweifelhaften Rechtslage nicht dem Verletzten zuschieben können.
Dabei führt die günstige Rechtsauskunft durch einen Rechtsanwalt nicht zu einem Wegfall des Verschuldens, wenn die Auskunft die Rechtslage als zweifelhaft erkennen lässt.

Weitere Voraussetzung des Schadensersatzanspruchs ist das Vorliegen eines kausalen Schadens.

2. Schadensberechnung

Die Ermittlung eines Schadens erfolgt anhand der §§ 249 ff. BGB, wobei in prozessualer Hinsicht § 287 ZPO die Anforderungen an den Schadensnachweis reduziert.

a) Grundsatz

Nach § 249 BGB kann der Geschädigte Ersatz für die Kosten der Schadensbeseitigung und der Rechtsverfolgung verlangen.

Denkbar ist auch, dass zur Schadensbeseitigung eine Aufklärungskampagne veranstaltet wird, die eine bestehende Fehlvorstellung des Verkehrs beseitigt (bei den aufgewendeten Kosten handelt es sich um sog. Marktentwirrungskosten). Schwierigkeiten bereitet hierbei aber insbesondere die Frage, ob die Aufklärung in diesem Ausmaß kausal durch die Verletzungshandlung verursacht wurde und wie damit umzugehen ist, dass die Aufklärung für den betroffenen Mitbewerber einen eigenen Werbewert haben kann.

Bei der Geltendmachung eines entgangenen Gewinns gilt die Erleichterung des § 252 BGB, wonach ein Gewinn als entgangen gilt, wenn er nach dem gewöhnlichen Lauf der Dinge mit Wahrscheinlichkeit erwartet werden konnte. Flankiert wird diese Vorschrift von § 287 Abs. 1 ZPO, wonach über die Frage, ob und in welcher Höhe ein Schaden entstanden ist, vom Gericht in freier Überzeugung unter Würdigung aller Umstände entschieden wird.

Im Hinblick auf die Schwierigkeiten des Schadensnachweises sind an die Mindestvoraussetzungen für eine Schätzung eines wettbewerblichen Schadens keine hohen Anforderungen zu stellen. Erforderlich für eine Schätzung sind allerdings greifbare Ausgangs- und Anknüpfungstatsachen, die vom Anspruchsteller schlüssig darzulegen sind.

b) Dreifache Schadensberechnung

Besonderheiten hinsichtlich des Schadensnachweises in einigen Fallgruppen ergeben sich aus der aus dem Immaterialgüterrecht bekannten sog. *dreifachen Schadensberechnung.*

Diese ermöglicht verschiedene Methoden der Schadensberechnung:
Zunächst kann der Schaden anhand der *Differenzhypothese* ermittelt werden gem. §§ 249 ff. BGB, einschließlich des entgangenen Gewinns.

Der Schaden kann auf Grundlage einer angemessenen Lizenzgebühr berechnet werden (sog. *Lizenzanalogie*). Der Verletzer soll also nicht besser stehen als ein vertraglicher Lizenznehmer, der vor der fraglichen Handlung die Erlaubnis des Rechteinhabers eingeholt hat.

Schließlich kann die Herausgabe des *Verletzergewinns* verlangt werden, zumindest soweit der Gewinn auf der Rechtsverletzung (kausal) beruht.

Mit diesen abstrakten Schadensermittlungsmöglichkeiten der Lizenzanalogie und der Herausgabe des Verletzergewinns soll der besonderen Stellung des geschädigten Inhabers eines Immaterialgüterrechts Rechnung getragen werden. Nicht nur, dass derartige Rechte einfach verletzbar sind und derartige Verletzungen dem Inhaber oft verborgen bleiben; da sich der hypothetische Geschehensablauf oft nicht rekonstruieren lässt, steht er vor großen Beweisschwierigkeiten.

Die drei Möglichkeiten stehen nebeneinander und dürfen nicht miteinander vermengt werden.

Der Anwendungsbereich der dreifachen Schadensberechnung im Wettbewerbsrecht ist gering, denn sie kann nur dort herangezogen werden, wo eine dem Immaterialgüterrecht vergleichbare Rechtsposition verletzt wurde.

In Betracht für eine Anwendung kommen daher die unlautere Verletzung von Leistungen, die nach § 4 Nr. 3 UWG geschützt sind.

Beispiel: Originalhersteller O kann also von Plagiator P verlangen, dass dieser den gesamten Gewinn herausgibt, den er durch den Vertrieb des Nachahmungsproduktes erzielt hat – jedenfalls dann, wenn es sich um eine (zumindest nahezu) 1:1-Nachahmung handelt und keine eigene Kreativität in das Produkt geflossen ist. Alternativ kann O von P Zahlung der Lizenzgebühren verlangen, die bei einer vorherigen Erlaubniserteilung geschuldet gewesen wären.

III. Gewinnabschöpfungsanspruch

Für vorsätzliche Verstöße gegen § 3 oder § 7 UWG bestimmt § 10 Abs. 1 UWG, dass der zu Lasten einer Vielzahl der Abnehmer erzielte Gewinn an den Bundeshaushalt herauszugeben ist. Diese Gewinnabschöpfung können die in § 8 Abs. 3 Nr. 2-4 UWG genannten Verbände/Kammern betreiben.

Ein vorsätzliches Handeln ist gegeben, wenn der Täter weiß, dass er den Tatbestand des § 3 oder § 7 UWG verwirklicht und dies auch will. Dass der Täter den Verstoß für möglich hält und billigend in Kauf nimmt (bedingter Vorsatz), genügt.

Beispiel: Möbelhändler H wirbt für minderwertige Ware mit einem veralteten Testergebnis. Spätestens dann, wenn er durch eine Abmahnung klare Hinweise auf die Unlauterkeit der Handlung erhält, handelt er bei Fortsetzen der Werbung vorsätzlich.

Bisher hat die – immerhin seit 2004 existente – Regelung noch keine große praktische Bedeutung erlangt. Ein Grund dürfte die geringe Motivation der Verbände sein, sich den Prozessrisiken auszusetzen, im Erfolgsfall aber den Abschöpfungsbetrag an den Bundeshaushalt abführen zu müssen. Daneben stellt es den Kläger auch vor große Herausforderungen, vorsätzliches Handeln zu beweisen.

Im Rahmen der Beratungen zum UWG 2016 hat der Bundesrat gefordert, eine Vermutung für vorsätzliches Handeln in das Gesetz aufzunehmen und dem Handelnden den Entlastungsbeweis zu ermöglichen. Durchgesetzt hat er sich mit diesem Vorschlag nicht.

IV. Hoheitliche Verfolgung von UWG-Verstößen

Neben der deutlich im Vordergrund stehenden Verfolgung von Wettbewerbsverstößen auf private Initiative, erfolgt bei besonders schweren Verstößen zudem eine hoheitliche Verfolgung.

1. Strafbare Werbung gem. § 16 Abs. 1 UWG

Eine strafbare irreführende Werbung nach § 16 Abs. 1 UWG liegt vor, wenn sie durch unwahre Angaben erfolgt und zwar in der Absicht, den Anschein eines besonders günstigen Angebots hervorzurufen.

Beispiele: Busunternehmer B bewirbt seine Verkaufsfahrt damit, dass den Teilnehmern ein leckeres Mittagsmenü geboten wird. Tatsächlich händigt er nur eine Konservendose Erbsensuppe aus.

Ein Unternehmen verschickt Gewinnmitteilungen mit der Aufforderung, sich zur näheren Information über die Abwicklung an eine Hotline mit einer kostenpflichtigen Mehrwertnummer zu wenden. Tatsächlich gibt es aber den angekündigten Gewinn nicht.

Wahre, aber irreführende Angaben genügen demgegenüber nicht zur Verwirklichung des Tatbestands.

2. Strafbare progressive Kundenwerbung gem. § 16 Abs. 2 UWG

Die etwas verklausulierte Regelung in § 16 Abs. 2 UWG regelt die Strafbarkeit von sog. Schneeball- oder Pyramidensystemen. In der gefährlichsten Form tauchen diese Systeme vollkommen abgekoppelt von einem Warenbezug auf: „neue" Teilnehmer leisten an „ältere" Teilnehmer einen Geldbetrag in der Erwartung, den Betrag durch die Werbung weiterer Teilnehmer mindestens erstattet zu bekommen (sog. Kettenbriefsysteme). Das Risiko liegt darin, dass die Teilnehmer nicht abschätzen können, auf welcher Stufe des Systems sie sich befinden und nach mathematischen Regeln ein solches Spiel bereits nach wenigen Stufen völlig zum Erliegen kommt.

Auch die Formen des Strukturvertriebs sind dadurch gekennzeichnet, dass Einnahmen durch Anwerbung neuer Teilnehmer erzielt werden können und hierarchie-ältere Teilnehmer vom geschäftlichen Erfolg der neuen Teilnehmer profitieren können. Bei der Beurteilung der Zulässigkeit kommt es darauf an, ob das Vergütungssystem so gestaltet ist, dass es in erster Linie dem Warenvertrieb dient (dann zulässig) oder ob es typischerweise auf die Einbindung neuer Teilnehmer in die Absatzstruktur gerichtet ist (dann unzulässig).

Beispiel: Auf Warenvertrieb gerichtet ist ein System dann, wenn hinreichende realistische Verdienstmöglichkeiten unabhängig von der Anwerbung neuer Teilnehmer bestehen. Für die Zulässigkeit sprechen ebenfalls das Fehlen hoher Anfangsinvestitionen und die Möglichkeit der Rückgabe der abgenommenen Artikel.

3. Schutz von Geschäftsgeheimnissen nach dem GeschGehG (§§ 17-19 UWG a.F.)

Angesichts der kaum zu überschätzenden wirtschaftlichen Bedeutung von Geschäftsgeheimnissen erfahren diese nicht nur einen zivilrechtlichen, sondern auch einen straf-rechtlichen Schutz.

Mit dem Inkrafttreten des Gesetzes zum Schutz von Geschäftsgeheimnissen (GeschGehG) im April 2019 wurden die §§ 17-19 UWG aufgehoben. Das GeschGehG steht systematisch zwischen dem Lauterkeitsrecht und den Rechten des geistigen Eigentums. Es enthält einen umfassenden Teil des zivilrechtlichen Schutzes von Geschäftsgeheimnissen (u.a. Ansprüche auf Unterlassung, Auskunft, Schadensersatz) sowie in § 23 GeschGehG eine strafrechtliche Vorschrift.

Im Mittelpunkt des Schutzes steht das Geschäftsgeheimnis. Dabei handelt es sich um eine Information, die vier – hier vereinfacht dargestellte – Voraussetzungen erfüllt: Die Information darf nicht allgemein bekannt oder ohne weiteres zugänglich sein; sie muss daher einen wirtschaftlichen Wert aufweisen; sie muss Gegenstand von angemessenen Geheimhaltungsmaßnahmen sein; schließlich muss ein berechtigtes Interesse an der Geheimhaltung bestehen.

§ 23 GeschGehG enthält mehrere Straftatbestände; so betrifft Abs. 1 Nr. 1 die Betriebsspionage, also das Erlangen eines Geheimnisses durch (nach § 4 GeschGehG) verbotene Maßnahmen; Abs. 1 Nr. 2 betrifft die Nutzung oder Offenlegung eines so gewonnenen Geschäftsgeheimnisses (Geheimnishehlerei); nach Abs. 1 Nr. 3 ist der Geheimnisverrat durch einen Beschäftigten während der Dauer seines Dienstverhältnisses strafbar.

Nach § 23 Abs. 3 GeschGehG führt die auf einem Vertrauensbruch beruhende Verwertung oder Offenlegung von Geschäftsgeheimnissen zur Strafbarkeit. Als Tatobjekte nennt das Gesetz Vorlagen und Vorschriften technischer Art, die dem Täter im geschäftlichen Verkehr anvertraut worden sind.

Der strafrechtliche Schutz von Geschäftsgeheimnissen wird abgerundet durch § 23 bs. 7 GeschGehG, der das Verleiten und Erbieten zum Verrat durch den Verweis auf die §§ 30, 31 StGB unter Strafe stellt.
Ohne diese Regelung blieben diese Handlungen als bloße Vorbereitungshandlungen straflos, da sie noch nicht die Schwelle zum Versuch überschreiten.

Im Unterschied zur alten Rechtslage ist das „Reverse Engineering" (in § 3 Abs. 1 Nr. 2 GeschGehG) ausdrücklich erlaubt; zudem ist die Zulässigkeit des sog. Whistleblowing (in § 5 Nr. 2 GeschGehG) geregelt.

4. § 20 UWG – Bußgeld bei unzulässiger Telefonwerbung

Angesichts der erheblichen Belästigung, die von Telefonwerbung ohne Einwilligung ausgeht, und der unzureichenden Wirkung der zivilrechtlichen Ansprüche, entschloss sich der Gesetzgeber, gegen § 7 Abs. 2 Nr. 2 Alt. 1 UWG verstoßende Handlungen mit einem Bußgeld zu ahnden.

Als Täter kommen mehrere Personen in Betracht: der den Anruf durchführende Mitarbeiter des Call-Centers, der Betreiber des Call-Centers und der Auftraggeber.

Fahrlässige Verstöße gegen diese Vorschrift stellen ebenfalls eine Ordnungswidrigkeit dar, denn nur so könne das Phänomen der unerlaubten Telefonwerbung eingedämmt werden.

Zudem ist es zumutbar, vor einem Werbeanruf mit der verkehrs-üblichen Sorgfalt zu prüfen, ob die erforderliche Einwilligung aktuell vorliegt. Damit bleibt auch für die Schutzbehauptung, das Fehlen einer Einwilligung sei im Einzelfall nur übersehen worden, kein Raum.

Für die Ahndung des Verstoßes ist die Bundesnetzagentur zuständig. Sie kann ein Bußgeld bis zur Höhe von 300.000 Euro verhängen.

Im Jahr 2017 hat die Bundesnetzagentur Bußgelder in Höhe von über 1.100.000 Euro wegen unerlaubter Telefonwerbung verhängt. Davon entfielen allein 300.000 Euro auf das Bußgeld gegen ein Energie-unternehmen, das bei zahlreichen Subunternehmern die Anrufe beauf-tragt hat. Die Anrufer haben sich z.T. als der örtliche Energieversorger ausgegeben oder behauptet, mit diesem zusammenzuarbeiten. Ziel war es, die Verbraucher zum Wechsel des Stromanbieters zu bewegen.

In einem Fall eines anderen Energieunternehmens verhängte die Bundesnetzagentur im Jahr 2018 ein Bußgeld in Höhe von 140.000 Euro und stellte klar, dass das beauftragende Unternehmen selbst für das Vorliegen der Einwilligung der Angerufenen verantwortlich sei und diese Verantwortung nicht auf Subunternehmer übertragen kann.

Im Jahr 2019 wurden insgesamt Bußgelder in Höhe von über 1.300.000 Euro durch die Bundesnetzagentur verhängt. Davon entfielen allein 250.000 Euro auf ein Pay-TV-Unternehmen, welches das Verbot unerlaubter Telefonwerbung wiederholt missachtet und Verbraucher teilweise in erheblicher Weise belästigt hat. Im ersten Halbjahr 2020 verhängte die Bundesnetzagentur Bußgelder in Höhe von 516.000 Euro.

D. Literaturhinweise

Zum Wettbewerbsrecht existiert eine Vielzahl von guten Werken, von denen hier nur einige genannt werden:

1. Lehrbücher u. ä.

Lettl, Lauterkeitsrecht, 4. Aufl. 2021, Beck München.

Berlit, Wettbewerbsrecht, 10. Aufl. 2017, Beck München (Leitfaden für den Praktiker mit kurzen prägnanten Ausführungen).

Köhler/Alexander, Fälle zum Wettbewerbsrecht, 4. Aufl. 2020, Beck München.

2. Kommentare

Köhler/Bornkamm/Feddersen, Kommentar zum UWG, 39. Aufl. 2021, Beck München (der „Klassiker" unter den UWG-Kommentaren).

Götting/Nordemann, UWG-Handkommentar, 3. Aufl. 2016, Nomos Baden-Baden.

3. Sonstige

Zu Fragen des gewerblichen Rechtsschutzes und Urheberrechts:

Zum Einstieg: *Gruber*, Gewerblicher Rechtsschutz und Urheberrecht, 11. Aufl. 2020, niederle media Altenberge.

Fallsammlung: *Sosnitza*, Fälle zum Gewerblichen Rechtsschutz und zum Urheberrecht, 4. Aufl. 2018, Beck München.

Gewerblicher Rechtsschutz und Urheberrecht

Autor: Prof. Dr. Gruber

ISBN 978-3-86724-131-1

9,90 €

Standardfälle Internationales Privatrecht (IPR)

Autoren: Prof. Schulz, M. Malkus, R. Pierenkemper

ISBN 978-3-86724-139-7

9,90 €

Insolvenzrecht

Autor: Dr. Frank Krüger, Fachanwalt für Insolvenzrecht

ISBN 978-3-86724-130-4

12,90 €

▸ Unsere ▭ Skripten ▤ Karteikarten ♪ Hörbücher (CD & MP3)

Zivilrecht

- ▭ Standardfälle Zivilrecht für Anfänger (AT+KaufR) (7,90 €)
- ▭ ♪ Standardfälle BGB AT (7,90 €)
- ▭ ♪ Standardfälle Schuldrecht (7,90 €)
- ▭ ♪ Standardfälle Ges. Schuldverh.,§§ 677,812,823 (9,9 €)
- ▭ ♪ Standardfälle Sachenrecht (Mobil.+ Immobil.) (9,90 €)
- ▭ ♪ Standardfälle Familien- und Erbrecht (9,90 €)
- ▭ ♪ Basiswissen (Frage-Antwort) BGB AT (7 €)
- ▭ ♪ Basiswissen (Frage-Antwort) Schuldrecht AT (7 €)
- ▭ ♪ Basiswissen (Frage-Antwort) Schuldrecht BT (7 €)
- ▭ ♪ Basiswissen (Frage-Antwort) Sachenrecht (7 €)
- ♪ Basiswissen Familienrecht und ♪ Basiswissen Erbrecht
- ▭ Einführung in das Bürgerliche Recht (7,90 €)
- ▭ Studienbuch BGB AT (12 €)
- ▭ Studienbuch Schuldrecht AT (12 €)
- ▭ Schuldrecht BT 1 - §§ 437, 536, 634, 670 ff. (9,90 €)
- ▭ Schuldrecht BT 2 - §§ 812, 823, 765 ff. (9,90 €)
- ▭ SachenR 1 – Mobil., ▭ SachenR 2 – Immobil. (9,90 €)
- ▭ Familienrecht und ▭ Erbrecht (Einführungen) (9,90 €)
- ▭ Streitfragen Schuldrecht (7,90 €)
- ▭ ♪ Definitionen für die Zivilrechtsklausur (9,90 €)

Strafrecht

- ▭ Standardfälle Band 1: für Anfänger (9,90 €)
- ▭ Standardfälle Band 2: für Fortgeschrittene (12 €)
- ▭ ♪ Standardfälle Strafrecht AT (für Anfänger) (7,90 €)
- ▭ ♪ Basiswissen (Frage-Antwort) Strafrecht AT (7 €)
- ▭ ♪ Basiswissen Strafrecht BT 1 und ▭ ♪ BT 2 (7 €)
- ▭ Strafrecht AT (7,90 €)
- ▭ Strafrecht BT 1 – Vermögensdelikte (9,90 €)
- ▭ Strafrecht BT 2 – Nichtvermögensdelikte (9,90 €)
- ▭ ♪ Definitionen für die Strafrechtsklausur (7,90 €)

Irrtümer und Änderungen vorbehalten!

Öffentliches Recht

- ▭ Standardfälle Staatsrecht I – StaatsorgaRecht (9,90 €)
- ▭ Standardfälle Staatsrecht II – Grundrechte (9,90 €)
- ▭ ♪ Standardfälle f. Anfänger (StaatsorgaR u. GRe) (7,9 €)
- ▭ Standardfälle Verwaltungsrecht AT (9,90 €)
- ▭ Standardfälle Polizei- und Ordnungsrecht (9,90 €)
- ▭ Standardfälle Baurecht (9,90 €)
- ▭ Standardfälle Europarecht (9,90 €)
- ▭ Standardfälle Kommunalrecht (9,90 €)
- ▭ ♪ Basiswissen (Fr-Antw.) StaatsR I – StaatsorgaR (7 €)
- ▭ ♪ Basiswissen (Fr-Antw.) StaatsR II – Grundrechte (7 €)
- ▭ ♪ Basiswissen (Frage-Antwort) Verwaltungsrecht AT (7 €)
- ▭ Studienbuch Staatsorganisationsrecht (9,90 €)
- ▭ Studienbuch Grundrechte (9,90 €)
- ▭ Studienbuch Verwaltungsrecht AT (12 €)
- ▭ Studienbuch Europarecht (12,90 €) ♪ Basiswissen EuR
- ▭ Staatshaftungsrecht (9,90 €)
- ▭ VerwaltungsR AT 1 – VwVfG u. ▭ AT 2–VwGO (7,90 €)
- ▭ VerwaltungsR BT 1 – POR (9,90 €)
- ▭ VerwaltungsR BT 2 – BauR ▭ BT 3 – UmweltR (9,90 €)
- ▭ ♪ Definitionen Öffentliches Recht (9,90 €)

Steuerrecht

- ▭ Abgabenordnung (AO) (9,90 €)
- ▭ Erbschaftsteuerrecht (9,90 €)
- ▭ Steuerstrafrecht/Verfahren/Steuerhaftung (7,90 €)

Sozialrecht

- ▭ Kinder- und Jugendhilferecht (7,90 €)
- ▭ Einführung in das Sozialrecht (9,90 €)

Nebengebiete

- ▭ Standardfälle ZPO (9,90 €)
- ▭ ♪ Standardfälle Handels- & GesellschaftsR (9,90 €)
- ▭ ♪ Standardfälle Arbeitsrecht (9,90 €)
- ▭ ♪ Basiswissen (Fr.-Aw.) Handelsrecht (7,90 €)
- ▭ ♪ Basiswissen (Fr.-Aw.) Gesellschaftsrecht (7,90 €)
- ▭ ♪ Basiswissen (Frage-Antwort) ZPO (7,90 €)
- ▭ ♪ Basiswissen (Frage-Antwort) StPO (7,90 €)
- ▭ Handelsrecht (9,90 €)
- ▭ Gesellschaftsrecht (9,90 €)
- ▭ Arbeitsrecht (9,90 €)
- ▭ Kollektives Arbeitsrecht (9,90 €)
- ▭ ZPO I – Erkenntnisverfahren (9,90 €)
- ▭ ZPO II – Zwangsvollstreckung (9,90 €)
- ▭ Strafprozessordnung – StPO (9,90 €)
- ▭ Einführung Internationales Privatrecht - IPR (9,90 €)
- ▭ Standardfälle IPR (9,90 €)
- ▭ Insolvenzrecht (12,90 €)
- ▭ Gewerblicher Rechtsschutz/Urheberrecht (9,90 €)
- ▭ Wettbewerbsrecht (9,90 €)
- ▭ Ratgeber 500 Spezial-Tipps für Juristen (12 €)
- ▭ Sportrecht (9,90 €)

Assessorexamen

- ▭ Der Aktenvortrag im Strafrecht (7,90 €)
- ▭ Der Aktenvortrag im Zivilrecht (7,90 €)
- ▭ Der Aktenvortrag im Öffentlichen Recht (7,90 €)
- ▭ Staatsanwaltl. Sitzungsdienst & Plädoyer (9,90 €)

Karteikarten (je 9,90 €)

- ▤ Grundlagen des Zivilrechts
- ▤ BGB Allgemeiner Teil (AT)
- ▤ Schuldrecht BT (§§ 433, 535, 631, 812, 823)
- ▤ Schemata Zivilrecht (AT, SchuldR, SachR, FamR)
- ▤ Strafrecht Allgemeiner Teil (AT)
- ▤ Strafrecht BT 1 und ▤ Strafrecht BT 2
- ▤ Streitfragen Strafrecht
- ▤ Staatsorganisationsrecht
- ▤ Grundrechte
- ▤ Verwaltungsrecht Allgemeiner Teil (AT)
- ▤ Schemata Öffentliches Recht

BWL

- ▭ Einführung i. die Betriebswirtschaftslehre (7,90 €)
- ▭ Organisationsgestaltung & -entwickl. (9,90 €)
- ▭ Fallstudien Organisationsgestaltung & -entwickl.
- ▭ Internationales Management (7 €)
- ▭ Wie gelingt meine wiss. Abschlussarbeit? (7 €)
- ▭ Medienwirtschaft für Mediengestalter (14,90 €)

Irrtümer und Änderungen vorbehalten!

Schemata

- ▭ Die wichtigsten Schemata-ZivR,StrafR,ÖR (14,90)
- ▭ Die wichtigsten Schemata–Nebengebiete (9,90 €)

♪ bedeutet: auch als **Hörbuch** (CD oder MP3-Download) lieferbar!

Bei **niederle-media.de** bestellte Artikel treffen idR *nach 1-2 Werktagen* ein!